Brenda Shoshanna

Krankheit lehrt uns leben

Ein Wegbegleiter in Krisenzeiten

Kösel

Übersetzung aus dem Amerikanischen: Karin Petersen, Berlin
Die Originalausgabe erschien unter dem Titel *Journey Through Illness and Beyond* bei Steppingstones Press, New York.

Druck und Bindung: Pustet, Regensburg
Umschlag: Elisabeth Petersen, München
Umschlagfotos: Stock Market / Corbis
(Benjamin Rondel: Allee; Terry Eggers: Fond mit Blumen)

ISBN 3-466-34439-5

*Gedruckt auf umweltfreundlich hergestelltem Werkdruckpapier
(säurefrei und chlorfrei gebleicht)*

Einleitendes

Dieses Buch ist sämtlichen Patientinnen und Patienten gewidmet, mit denen ich im Laufe der Jahre gearbeitet habe und die mir durch ihren Mut und ihre Kämpfe geholfen haben, zu verstehen.

Ich widme es auch meinem lieben Freund Selwyn Mills, der während seiner Krankheit mit seinem tapferen, strahlenden Geist für uns alle ein Lehrer der Liebe und Hoffnung wurde.

Dieses Buch soll kein Ersatz sein für professionelle Anleitung und Pflege. Es ist eine wunderbare Ergänzung
für die Behandlung, die Ihnen am besten entspricht.

Inhalt

Vorwort

Krankheit ist wahrscheinlich selten leicht, aber vielleicht kann sie uns stärker mit der Wirklichkeit in Kontakt bringen. Vielleicht können Freunde und die Familie des kranken Menschen sowie professionelle Helfer, die bereit sind, ihm zur Seite zu stehen, lernen, so für ihn da zu sein, dass es allen Beteiligten Friede und Erfüllung bringt.

In diesem Buch erforsche ich die emotionale und spirituelle Reise, die Menschen antreten, welche den Prozess der Krankheit erleben. Ich betrachte genauer, was es wirklich heißt, zu kommunizieren, zu geben, zu nehmen und zu heilen. Meine Arbeit beruht auf der Prämisse, dass wir für einen anderen Menschen erst dann wirklich hilfreich sein können, wenn wir unsere eigenen Emotionen, Bedürfnisse und Überzeugungen kennen.

Aus diesem Grund bezeichne ich meine Arbeit als Reise – zunächst durch das gesamte Spektrum unserer eigenen inneren Gefühlswelt und dann nach außen, zu anderen, indem wir mit jenen Menschen, die unsere Pflege und Zuwendung brauchen, in Berührung kommen.

Dies ist vor allem ein praktisches Buch. Es fordert von uns, dass wir unsere neuen Erkenntnisse unmittelbar auf unser Leben anwenden. Überall im Buch stelle ich immer wieder praktische Vorgehensweisen und Übungen vor (gekennzeichnet mit dem Symbol ⊚), die uns dabei helfen sollen. Mit diesen Übungen lernen wir, wie wir die Inhalte in bestimmten Situationen unseres Lebens direkt umsetzen können.

Die Übungen vermitteln eine ausgewogene Balance von psychologischen und philosophischen Wahrheiten, die uns helfen, jene Themen zu verstehen, die bei Krankheit und Verlust auf uns zukommen, und damit umzugehen. Sie beruhen sowohl auf traditionellem als auch modernem Gedankengut, wobei die besondere Betonung auf den Beiträgen der Gestalttherapie und der humanistischen Psychologie liegt. Auch Erkenntnisse aus der Zen-Praxis fließen mit ein. Sie sind auch wunderbare Werkzeuge, um den Blick nach innen zu richten, und bieten uns die Möglichkeit zu begreifen, wie die Liebe in unserem Leben wirkt.

In dem Maße, wie wir mit unserer inneren Landschaft vertraut werden und uns darin zu Hause fühlen, fühlen wir uns in sämtlichen Situationen, die uns begegnen, wohler und können wirkungsvoller damit umgehen.

Dies ist kein Buch zum schnellen Durchlesen; vielmehr will es erfahren werden, indem wir langsam, sorgfältig und gründlich damit arbeiten. Es ist eine lebendige Quelle der Hilfe sowohl für Menschen, die im Gesundheitswesen arbeiten, als auch für diejenigen, die in ihrem persönlichen Leben mit Krankheit und Verlust konfrontiert sind.

Einleitung

Wenn ein Mensch, den wir lieben, stirbt, sterben auch wir. In unserem Herzen gibt es keine Trennung. Und wo befinden wir uns jetzt, da ein Teil von uns gegangen ist? Was geschieht in dem langen Gang, den viele von uns in der Zeit einer schweren Krankheit bis zu ihrem Tod durchqueren müssen?

Dieses Buch handelt jedoch nicht von Krankheit im eigentlichen Sinn, sondern von der Reise *durch* die Krankheit zu unserer grundlegenden Gesundheit. Krankheit und Gesundheit wiederholen sich ständig, doch solange wir uns mit unserer Angst vor Verlust nicht gründlich auseinander gesetzt haben, sind wir nicht frei, unser Leben voll zu leben. Wir sind nicht frei, bedingungslos zu lieben oder anderen eine wirklich helfende Hand zu reichen, solange wir nicht imstande sind, loszulassen, was wir am meisten schätzen und lieben.

Meistens leben wir in der Überzeugung, dass alles so bleiben wird, wie es ist. Tritt dann eine Krankheit ein, rüttelt uns dies einen Augenblick lang aus unserer Verschlafenheit wach. Wir begreifen, dass unsere Zeit vielleicht doch nicht unbegrenzt ist und wir *hier und jetzt* sagen müssen, was gesagt werden muss, und tun müssen, was getan werden muss.

Wenn ein Mensch, der uns nahe ist, ernsthaft erkrankt, kommen uns viele Fragen in den Sinn. Es dauert eine Weile, bis wir erkennen, dass es auf diese Fragen nicht eine einzige Antwort gibt. Es gibt viele Antworten, die unterschiedliche Gestalt annehmen und sich zu verschiedenen Zeiten immer wieder anders auf uns auswirken können. Man könnte sagen, dass ein Finger auf uns gerichtet wird. Diese Fragen verlangen von uns eine Antwort. Wir können von ihrer Beantwortung nicht befreit werden. Das Leben selbst fordert eine Erwiderung von uns.

Dieses Buch entstand aus dem tiefen Bedürfnis, eine Antwort auf folgende Fragen zu finden:

> *» Wie kann unser Leiden wirklich gelindert werden? «*
> *» Wie sieht der beste Weg aus, der uns durch schwere Krankheit und darüber hinaus führt? «*

Um diese Fragen vollständig beantworten zu können, müssen wir Krankheit in einem größeren Zusammenhang begreifen. Außerdem müssen wir die wahre Natur unseres Leidens verstehen. Es gibt keinen anderen Weg, innerlich wirklich Frieden zu finden.

Im Folgenden widmen wir uns der Aufgabe, jene Fragen aufzuspüren, mit denen wir ringen müssen; zu lernen, wie wir uns ihnen stellen und dann beginnen können, nach unseren eigenen inneren Antworten zu leben. Wir widmen uns der Suche nach dem Pfad, der uns zu unserem eigenen inneren Wissen führt.

In Krisenzeiten rennen wir meistens in alle möglichen Richtungen, um nach Hilfe Ausschau zu halten und den Schmerz zu lindern, den wir empfinden. Der tiefer liegenden quälenden Hilflosigkeit und dem Gefühl, nicht zu verstehen, was geschieht, wenden wir uns jedoch selten zu. Die grundlegendsten Fragen von allen stellen wir selten laut. Trotzdem rumoren sie unter der Oberfläche ständig weiter und lösen alle möglichen Ängste aus.

> *»Was ist Krankheit denn überhaupt? Ist sie eine zufällige, sinnlose Unterbrechung des Lebens oder nur der Anfang zu neuen Schritten, die wir unternehmen müssen?«*
> *»Wird der Mensch, den ich liebe, sterben? Was geschieht dann?«*

Gerade noch war die Person hier und hat mit uns gesprochen; im nächsten Augenblick ist sie gegangen. Wir sind bestürzt, verwirrt, verloren und völlig durcheinander. Wohin ist sie gegangen? Und was geschieht mit denen, die zurückbleiben? Es gibt keine Zeit im Leben, die schmerzlicher wäre und in der wir uns mehr alleine fühlen.

Oft fliehen wir vor diesem Schmerz in das Vergessen. Wenn wir Schmerzen haben, greifen wir zu Drogen. Statt uns hinzugeben, geben wir uns der Verleugnung hin. Vielleicht sind wir nicht so weit wir selbst, um uns dem Schmerz zu überlassen. Tatsächlich fliehen wir ständig davor, uns genau dieser Situation von Angesicht zu Angesicht zu stellen. Nur um vor unserem wahren Selbst davonzulaufen.

Aber wenn wir aufhören wegzurennen, und sei es nur für eine kleine Weile, können wir sehen, dass der einzig wahre Trost im möglichen Verstehen liegt und dass die einzig wahre Heilung aus der Wahrheit erwächst. Wenn wir lernen, genau zuzuhören, werden wir herausfinden, dass der Schmerz selbst Sinn und Bedeutung hat. Er ist da, damit wir ihm lauschen.

> »Meine Freunde, sagtet ihr,
> ihr konntet letzte Nacht nicht schlafen?
> Die Hitze des Sommers hat euch zugesetzt?
> Ihr konntet keinen kühleren Ort finden?
> Warum muss Leiden in unser Leben treten?
> Und auch die Frage da, die in uns rumort?
> Warte, warte bis die Abendsonne
> die Berge mit ihren abendlichen Strahlen färbt.
> Und in dem Augenblick, wo ihr der Frage Antwort gebt,
> von Angesicht zu Angesicht,
> wird euch viel mehr zuteil als Kühle.«
>
> *Senzaki Roshi*

Wir haben so viel Angst, uns Krankheit und Verlust anzuschauen. Wir fürchten, uns klein und hilflos zu fühlen, wenn wir uns unserem Leiden stellen. Tatsächlich stimmt das Gegenteil. Auf diesem Weg werden wir lebendig und stark und eignen uns unsere Erfahrungen in ihrer ganzen Fülle an.

Das vorliegende Buch wurde von einem Menschen geschrieben, der einfach bereit ist, sich diesem Thema zu widmen und der erkannt hat, dass diese Bereitschaft alles ist. In diesem Buch werden auch Sie gefragt, ob Sie bereit sind, stehen zu bleiben und nach innen zu schauen, statt wegzulaufen. Wenn Sie sich diesen Fragen vertieft widmen, obwohl Sie nicht wissen, wohin sie führen, ist das bereits für sich ein Akt großen Mutes.

Das gesamte Buch ist als Reise angelegt, und jede Leserin und jeder Leser muss dabei ihre bzw. seine eigene Reise antreten. Ich selbst trete als Mitreisende auf, die Fragen und Gedanken auswirft wie Samen, die in einem Garten gesät werden. Manche werden aufgehen, andere nicht.

Jeder Mensch ist ein ganz einzigartiger Garten mit eigenem Boden, einer ganz eigenen inneren Haltung und einem eigenen Herzen. Und so wird jeder von Ihnen die Fragen anders aufnehmen. Das ist ganz wunderbar. Denn Sie müssen sich nicht mit allem auseinander setzen, was das Buch enthält. Von einigen Abschnitten werden Sie sich deshalb besonders angesprochen fühlen, von anderen weniger.

Kurz gesagt, ist dies ein Buch voller Samen, und Sie werden gebraucht, um mitzumachen und zu empfangen, was Sie nehmen können; um es in sich wirken zu lassen und Ihrem Garten zu erlauben, so zu wachsen, wie er es will. Sämtliche Antworten auf Fragen, alle möglichen Blumen, die in dem Garten wachsen können, existieren bereits in Ihnen. Sie brauchen lediglich Geduld und Pflege, um blühen zu können.

Dieses Buch möchte dazu beitragen, dass wir im Angesicht des Todes ruhig und einfach werden und lernen, eine wirklich helfende Hand zu reichen.

1 Heilung von innen

»Die Dinge sind nicht, was sie zu sein scheinen,
und auch nicht anders.«

Buddhistisches Sutra

Bevor wir unsere Reise durch die Krankheit antreten, müssen wir eine ganz grundlegende Annahme sorgfältig hinterfragen – und zwar die Vorstellung, dass Schmerz etwas Schreckliches ist und um jeden Preis vermieden werden muss.

Sobald wir Schmerz oder Unbehagen empfinden, versuchen wir sofort, etwas dagegen zu unternehmen. Wir suchen nach Wegen, das, was wir durchmachen, zu mindern oder zu unterdrücken. Nur selten halten wir inne und fragen uns, was genau der Schmerz uns sagt. Es scheint fast unvorstellbar, mit unserem Schmerz einen Dialog zu führen und die grundlegende Frage, die er birgt, an ihn zu richten: »Was willst du von mir? Und warum bist du jetzt da?«

Buddha sagte, alles Leben sei Leiden. Diese Äußerung ist in vieler Hinsicht missverstanden worden. Viele glaubten, sie sei eine Verneinung des Lebens. Genau das

Gegenteil ist wahr. Seine Äußerung besagt schlichtweg, dass wir, wenn wir die wahre Natur des Leidens begreifen und wissen, wie wir unserem Leiden angemessen begegnen können, schließlich die Möglichkeit haben, es ein für allemal zu beenden.

Ganz gleich, was wir fühlen – es gibt nur einen Schmerz und dieser zeigt sich auf verschiedene Weise. Wenden wir uns ihm in der einen Form nicht zu, kommt er oft in einer anderen zu uns. Er kann in körperlicher, geistiger, emotionaler und spiritueller Gestalt auftreten.

In welcher Form dieser Schmerz uns auch immer ereilen mag, es gibt uns enorm viel Kraft, wenn wir uns unserem Leiden unmittelbar zuwenden und einen Dialog mit ihm beginnen. Wenn wir lernen, so vorzugehen, entdecken wir schließlich vielleicht sogar, dass der Schmerz ein Geschenk für uns bereithält.

Als Buddha erleuchtet wurde, verkündete er, er sei ein Arzt und bringe Medizin, um die Krankheiten der Welt zu heilen. Was ist das für eine Medizin, die Buddha entdeckte? Wie können wir sie anwenden und welches ist die Krankheit, an der wir immer noch leiden?

Meistens erwarten wir vom Arzt, dass er unsere Krankheit in den Griff bekommt und für unsere Genesung sorgt. Aber diese Einstellung ist selbst Teil der ursprünglichen Beschwerden. Wenn wir so denken, weisen wir von uns, dass wir an unserer Krankheit beteiligt sind. Wir leugnen die Tatsache, dass sie uns ereilt hat und es unsere Aufgabe ist, innezuhalten, zu lauschen und herauszufinden, welchen Sinn und welche Lektionen die Krankheit uns zu vermitteln hat.

Leiden verstehen

Laut Buddha ist die Wurzel allen Schmerzes das Begehren. Wir wünschen uns etwas dringend und können es nicht bekommen. Oder wir besitzen es eine Weile und fürchten dann sofort, es zu verlieren. Wenn es uns dann unweigerlich verloren geht, leiden wir unter dem Schmerz von Verlust und Veränderung.

Ständig sehnen wir uns nach etwas oder klammern uns an Dinge und Menschen. Mitten im Leben verspüren wir den Wunsch nach mehr. Wenn wir eine Mahlzeit beendet haben, träumen wir bereits von der nächsten. Diese Art des Leidens, dieser unersättliche Hunger, wird als Schmerz des Kummers oder der Gier bezeichnet. Er beruht auf dem Gefühl, niemals Erfüllung und Zufriedenheit zu finden.

Vielleicht sehnen wir uns auch nach anderen Lebensumständen. Mitten in einer Krankheit verspüren wir den dringenden Wunsch, gesund zu sein. Wir weigern uns, unseren augenblicklichen Zustand zu akzeptieren. In gewisser Weise sind wir nicht imstande, den Augenblick so, wie er ist, anzunehmen und zu leben.

Die moderne Medizin beruht auf der Vorstellung von Kampf. Wir bekämpfen Bakterien und ringen um Leben. Aber wenn wir einfach nur die Symptome beiseite schieben, wird möglicherweise etwas Wichtiges unterdrückt.

Wir haben das Gefühl, das Leben verändern und mit unserem Wissen und Können besiegen zu müssen. Wir haben so viele Ideen, wie sich das Leben für »mich« entwickeln soll. Dies könnte als Schmerz der Arroganz bezeichnet werden. Und natürlich ist es möglich, dass das Leben sich um unsere individuellen Pläne gar nicht schert.

Der schlimmste Schmerz ist der, der uns ohne erkennbaren Grund trifft. Wir wissen nicht, warum er uns ereilt und können nicht begreifen, was er bedeutet. Als menschliche Wesen brauchen wir jedoch einen Sinn. Wir müssen verstehen, was mit uns geschieht. Diese Art des Leidens könnte als Angst vor Sinnlosigkeit bezeichnet werden.

Was hat all das mit unserer Reise durch Krankheit und körperlichen Schmerz zu tun? Manche sind der Meinung, dass zwischen unserem körperlichen Schmerz, unserer Krankheit und unserem emotionalen, mentalen oder spirituellen Leiden überhaupt kein Unterschied besteht.

Rufen Sie sich drei Situationen in Ihrem Leben in Erinnerung, in denen Sie besonders traurig oder aufgebracht waren. Wie sind Sie damit umgegangen? Haben Sie Ihre Gefühle zum Ausdruck gebracht? Haben Sie nach Ihren Gefühlen gehandelt?
Wie ist es Ihnen dabei körperlich ergangen?
Nehmen Sie sich einen Augenblick Zeit, um all das aufzuschreiben.

Krankheit tritt oft dann auf, wenn wir uns niedergeschlagen fühlen und vielleicht nicht mehr kämpfen oder nicht mehr leben wollen. Manche Menschen werden krank, wenn sie total erschöpft sind. Auf diesem Wege teilen sie sich selbst mit, dass es Zeit ist, etwas an ihrem

Leben zu verändern. Jede Krankheit hat ihre eigene Geschichte. Es ist einfach immer derselbe grundlegende Schmerz, der sich in verschiedenen Formen zeigt. Wenn wir uns einen Aspekt unseres Leidens anschauen, betrachten wir unweigerlich auch den nächsten. Sämtliche Aspekte sind miteinander verbunden.

Wenn wir am Bett eines Menschen sitzen, der an körperlichen Schmerzen leidet, und uns den emotionalen, mentalen oder spirituellen Aspekten zuwenden, nimmt der körperliche Schmerz oft auf verblüffende Weise ab. Um von einer Krankheit vollständig zu genesen, muss die betroffene Person vielleicht ihr ganzes Leben verändern.

Krebs beispielsweise kann jahrelang unterdrückt werden; und dann kehrt er vielleicht doch eines Tages wieder. Wenn er nun erneut auftritt, müssen wir uns als erstes fragen: »Warum jetzt? Was geht in meinem Leben vor?«

Es widerstrebt uns, in jedem Augenblick, Tag für Tag für die Qualität unseres Lebens aufmerksam zu sein. Wir alle sind Experten, wenn es darum geht, Dinge unter den Teppich zu kehren. Und wenn der Teppich sich dann an den Ecken löst, fühlen wir uns, als wolle man uns losreißen.

»Wir werden krank, weil wir uns krank verhalten.«

Louis Jourard

Bei Krankheit rebelliert der Körper. Er fordert, dass Sie sich all dem zuwenden, was Sie bislang nicht beachtet haben. Vielleicht haben Sie sich zu lange gehetzt. Und jetzt reicht es Ihrem Körper. »Lass das und höre mir zu!« sagt er zu Ihnen.

Wir hätten die ganze Zeit schon hinsehen und zuhören können, aber man bringt uns nicht bei, innezuhalten, aufmerksam zu sein für das, was wir fühlen, und es zu respektieren.

Wenn wir lernen, zuzuhören und zu antworten, beginnt ein völlig neues Leben. Dann bringen Schmerz und Krankheit die Gelegenheit, unser Leben grundlegend zu verändern.

Zuhören lernen

Manche sagen, es könne den Patienten heilen, wenn man ihm wirklich zuhört. Denn wir hören meist nur, was uns betrifft. Den Rest weisen wir zurück. Aber was auch immer wir ablehnen, früher oder später müssen wir uns dem wieder stellen, von Angesicht zu Angesicht.

Wenn wir zum Beispiel zu lange traurig sind, ohne genug zu weinen, kann unser Körper anfangen, durch Krankheit für uns zu weinen. Wenn wir das Gefühl haben, das Leben sei sinnlos, kann unser Körper beginnen, diese Überzeugung zum Ausdruck zu bringen, indem er welkt und stirbt. Wenn wir uns an schwierige Einstellungen klammern, muss unser Körper die Last tragen. Beharrliche negative Einstellungen entwickeln sich zu Wunden für unser ganzes Selbst.

Wenn wir Schmerz empfinden, erzählt unser Kopf uns meist, etwas Schreckliches sei im Gange (ganz gleich, ob das der Fall ist oder nicht). Hier kommt unsere negative Einstellung ins Spiel.

Sagen wir uns jedoch in derselben Situation, dass möglicherweise etwas Schönes geschieht, bekommt der Schmerz eine andere Bedeutung. Dann reagieren wir anders auf unser Unwohlsein und verhärten uns nicht so dagegen. Und das kann der Anfang zu wichtigen Veränderungen sein.

Oft ist nicht einmal der Schmerz selbst so schrecklich, sondern unser Denken über den Schmerz – das, was wir uns vorstellen. Wir werden uns in diesem Buch deshalb immer wieder verschiedene Einstellungen anschauen, mit denen wir leben und die wir für selbstverständliche spirituelle Fakten halten. Beim Hinschauen müssen wir uns mutig fragen, ob diese Einstellungen unsere Gesundheit fördern oder ob sie die Samen für unser Unwohlsein sind.

Der Pfad intuitiven Wissens

Um mit diesen Erkundigungen zu beginnen, müssen wir uns anschauen, wie wir eigentlich die Welt erleben. Üblicherweise lernen wir und erfahren die Welt, indem wir »objektiv« sind. Das ist die »wissenschaftliche Prämisse«. Wir betrachten die Welt als Objekt, als etwas von uns Getrenntes, das wir minutiös erforschen und durch unser Verstehen erobern. Wir beobachten, messen und definieren, um Herrschaft und Kontrolle zu gewinnen. Unser ganzer Glaube stützt sich auf den rationalen Verstand und die äußeren Sinne. Wir haben das Gefühl, mächtig und stark zu sein und die Welt zu regieren, wenn wir sie auf diese Weise formen.

Den größten Teil unseres Lebens verbringen wir damit, außerhalb von uns zu suchen, was wir bereits wissen. Wir stürzen uns auf Fachgebiete wie Psychologie, Theologie und Soziologie und hoffen, dass andere uns die Antworten liefern und die Autorität in unserem Leben darstellen. Wir richten uns an die Priester, Rabbis und Psychoanalytiker und glauben, Dinge besser zu verstehen, wenn wir uns ein neues Vokabular aneignen. Wir halten uns selbst für völlig blind. Und in gewisser Weise stimmt das auch.

Eine Krankheit jedoch kann zum Tod führen. Und wenn das der Fall sein sollte, lehrt er uns etwas anderes. Es gibt zwar viele Fenster, durch die wir den Tod betrachten können, aber der Tod ist größer als all diese Fenster. Er kann nicht gemessen, klassifiziert oder erfasst werden.

Der Weg der Wissenschaft ist kein schlechter Weg. Er hat seine Funktion und ist sehr nützlich, aber er ist nicht die ganze Geschichte. Es gibt Orte, an die die Wissenschaft nicht gelangt. Sie kann uns am Bett eines geliebten Menschen, der leidet, keine Erleichterung bringen.

Wo die Wissenschaft endet, beginnt der Tod. Wir können uns über den Tod kein Wissen durch Beobachtung aneignen, denn er hat keine feste Form. Auch wenn wir Leben verlängern können, sind wir letzten Endes nicht imstande, Herrschaft und Kontrolle über unser endgültiges Schicksal auszuüben. Wenn die Zeit kommt zu gehen, kann nichts sie aufhalten. Wir sind niemals getrennt von unserem Sterben; wir tragen es immer in uns.

Um an dieser Kreuzung zu wirklicher Sicherheit und wirklichem Verstehen zu gelangen, müssen wir einfach ein neues Wissensgebiet betreten. Es ist der Pfad des *intuitiven Wissens*. Er erfordert lediglich, dass wir aufhören, außen zu suchen, und anfangen, den Blick nach innen zu richten und innerlich zu vertrauen.

Dies ist der Pfad unseres tieferen Erlebens, der uns nicht zu mehr *Wissen* führt, sondern zu mehr *Sein*. *Intuitives Wissen* spricht nicht unser Gehirn an, sondern unser ganzes Wesen. Diese Art Wissen zeigt uns, wie wir gefasst in das Krankenzimmer gehen und dem Patienten mit Weisheit, Stärke und einem wahren Gespür für das Schöne nahe bleiben können. Dieses Wissen sagt uns, dass trotz der offenkundigen Ereignisse, das was geschieht, gut sein kann.

Um mit dieser inneren Möglichkeit in Berührung zu kommen, müssen wir uns neue und andere Fragen stellen, damit wir die Ereignisse in unserem Leben mit anderen Augen betrachten können.

Dieses Buch widmet sich dieser neuen Art des Wissens. Es stellt immer wieder Fragen, regt zu Diskussionen an und zeigt Ihnen Übungen, die Sie zu diesem anderen Pfad führen. Bei dieser Forschungsreise bekommen wir die simple Anweisung, nach dem *Sinn* dessen zu fragen, was uns widerfährt. Wir versuchen nicht, unsere Erfahrung zu formen oder zu kontrollieren, noch versuchen wir sie wegzuerklären. Stattdessen *begegnen wir ihr* einfach, machen uns mit ihr vertraut und lassen zu, dass sie uns lehrt und leitet.

Man könnte dies auch den Pfad der Demut nennen. Er verlangt von uns die Stärke, unser Bedürfnis nach

Kontrolle über uns und die Welt aufzugeben. Er fordert die Einsicht, dass wir tatsächlich nicht die Mächtigsten sind; es gibt etwas, das größer ist als wir, und um zur wahren Quelle unseres Wissens zu gelangen, müssen wir einfach lernen, uns mit diesem Größeren zu verbinden.

Plato sagte, bei unserer Geburt wüssten wir alles und unser Leben sei lediglich ein Prozess des Vergessens. Wir haben vergessen, woher wir kommen und wohin wir gehen. Wir haben den Sinn und Zweck unseres Aufenthalts hier auf dieser schönen Erde vergessen. Wenn wir den Blick jetzt wieder nach innen richten, erinnern wir uns lediglich an das Wissen, das immer in uns war.

In Zeiten der Krise, des Schmerzes und der Traurigkeit müssen wir dringend lernen, uns wieder an unsere eigene Quelle von Schönheit und Stärke anzuschließen.

Dieses Buch möchte uns Gelegenheit geben zu sehen, wie unser eigenes intuitives Wissen wirkt. Es will als Spiegel dienen, in uns selbst zu schauen.

Neue Definitionen

Wenn wir aufbrechen, um den Pfad des intuitiven Wissens zu beschreiten, schauen wir uns zunächst einmal an, wie wir uns das, was uns widerfährt, erklären. Meistens reagieren wir nicht nur auf das bloße Geschehen, sondern auf die Art und Weise, wie wir uns dieses zurechtlegen.

28

Gewöhnlich betrachten wir Verlust oder Tod als Feinde. Wie könnten wir diese Ereignisse auch anders wahrnehmen? Und was ist Tod überhaupt?

In gewisser Hinsicht ist der Tod lediglich der Verlust der Wahrnehmung der vertrauten Welt. Wir lieben das Gefühl, in der Welt zu Hause und auf eine beständige Art sicher zu sein. Das sind wir aber nicht. Wir schaffen viele Strukturen, um uns das Gefühl von Dauer und Stabilität zu vermitteln. Der Tod nimmt sie uns weg und sagt uns, dass wir hier lediglich Durchreisende sind und dieses keinesfalls unser wahres Zuhause ist. Wo ist unser wahres Zuhause?

Wenn ein Mensch, den wir lieben, stirbt, sterben auch wir. Nicht nur *sein* Tod, auch unser Tod findet da statt. Plötzlich werden wir an den Abgrund gestellt und schauen vielleicht in die Weite des Raumes. Wir werden in die Mitte geworfen und kehren dann zurück.

Vielleicht sind wir beunruhigt, ruhelos und traurig. Wir sind gestrauchelt, Angst kann uns packen und Ärger und Bestürzung nach sich ziehen. Trotz all unserer Proteste und Bemühungen können wir nichts mehr tun. Wir fühlen uns hilflos und ohnmächtig. Der Verlust erinnert uns lediglich daran, dass wir nicht die Herrscher des Universums sind. Es gibt etwas anderes, auf das wir antworten müssen. Es zwingt uns trotz unserer Trägheit, der Wahrheit ins Gesicht zu schauen. *Eine Gelegenheit bietet sich uns*. Unser Blick ist weiter geworden.

Das muss kein grausamer Augenblick sein. Es gibt für uns viele Möglichkeiten, auf diese Situation einzugehen. Hier ein paar Beispiele, wie Menschen sich fühlten, unmittelbar nachdem ein ihnen vertrauter Mensch gegangen war und sie vor das Unbekannte gestellt wurden:

»Als meine Tante Sara starb, fühlte ich mich innerlich weit, offen, liebevoller, als hätten wir beide etwas Wunderschönes erlebt. Ich verließ das Krankenhaus etwa gegen zwei Uhr morgens und ging durch die Straßen der Stadt allein nach Hause. Ein leichter Schnee fiel. Ich hatte das Gefühl, als ob er mich reinige.«

»Ich verließ das Krankenhaus und war verwirrt. Einfach nur verwirrt. Wo war mein Vater jetzt?«

»Ich habe hier immer noch Pattys Strümpfe. Als wir klein waren, sind wir immer zusammen den Strand entlanggerannt. Ich besitze auch noch ihren Nagellack. Bislang hatte ich immer eine Schwester. Habe ich jetzt auch noch eine Schwester?«

Machen Sie eine Liste mit all Ihren grundlegenden Einstellungen zum Leben.
Wie wirken sich diese Einstellungen auf Ihr tägliches Leben aus?
Welchen Tribut fordern sie von Ihnen?
Durch welche gesünderen Einstellungen könnten Sie sie ersetzen?

Manche Menschen glauben, das Leben sei schwierig und wir müssten leiden und kämpfen und schwere Zeiten durchmachen. Viele brüsten sich damit. Die Natur jedoch kämpft nicht. Wenn der Frühling kommt, blühen Tausende von Blumen ganz von selbst.

Andere Menschen leben in großer Angst. Sie glauben, das Leben bestünde aus einer Reihe von Niederlagen. Sie stellen diese Überzeugungen niemals in Frage, aber ihr Schmerz und ihre Krankheit zeugen von der Last, die sie sich aufgebürdet haben.

Manche erlauben sich nicht zu viel Schönheit oder Spaß. Sie treiben sich unbarmherzig an. Ist es ein Wunder, wenn sie so krank werden?

Um mit Krankheit auf einer tieferen Ebene umgehen zu können, ist es ganz wesentlich, sich diesen verborgenen Mustern zuzuwenden. Für viele Menschen hat das Wort »akzeptieren« einen negativen Beiklang. Es ist für sie gleichbedeutend mit »schwach sein« und »aufgeben«. Nichts kann von der Wahrheit weiter entfernt sein. Akzeptanz ist ein lebendiges Tun voller Stärke und Mut.

Akzeptieren bedeutet, *etwas genau kennen, sich damit vertraut machen*. Akzeptieren heißt, mit dem Augenblick, mit Ihrer Erfahrung *Freundschaft zu schließen* und nicht anzukämpfen gegen das, was Sie erleben, oder es wegzuschieben. So heißen wir die gesamte Existenz willkommen und fühlen uns wirklich wohl im Leben.

Der Wert, der darin liegt, das Leiden willkommen zu heißen, besteht darin, dass es plötzlich kein äußerer Feind mehr ist, der bekämpft werden muss. Sie sind nicht das Opfer Ihres Leidens und es macht Sie auch nicht mehr hilflos. Bereits diese Einstellung allein kann das Leiden lindern und bewirken, dass es sich in vieler Hinsicht wandelt.

Wenn wir Zen praktizieren, erfahren wir alles über den Schmerz. Schüler und Schülerinnen, die sich dem Zen (der Zen-Meditation) widmen, sitzen manchmal stundenlang auf dem Kissen, ohne sich zu bewegen. Nicht selten erleben sie dabei unglaublich viel Schmerz.

Wenn sie mit der Praxis fortfahren, werden sie allmählich stärker als der Schmerz. Sie lernen zu sehen, dass der Schmerz vor allem auf dem Widerstand gegen das beruht, was geschieht. Er entsteht, weil wir *genau diesen Augenblick* ablehnen. Wenn wir aufhören zu kämpfen, erleben wir Freude. Sobald wir wieder zu kämpfen beginnen, verkrampfen wir uns vor Qual.

»Es war am Abend des dritten Tages im Retreat. Wir hatten täglich siebzehn Stunden in Meditation gesessen. Inzwischen war der Schmerz fast unerträglich geworden, und außerdem war ich erschöpft. Ich wollte nach Hause. Meine Beine schmerzten und mein Rücken war ganz steif. Dann wurde es Zeit für die Abendsitzung. Noch drei Stunden. Ich glaubte nicht, das durchstehen zu können.

Ich setzte mich auf mein Kissen und die Glocken läuteten. Nach dem Läuten der Glocken absolute Stille. Schon bald begann der Schmerz stärker zu werden. Es gab überhaupt keine Möglichkeit, ihm zu entkommen. Je mehr ich kämpfte, desto schlimmer wurde es. Völlig außer mir, brach ich die Stille und begann laut zu schluchzen. Ich wusste, dass ich andere störte, aber ich konnte in dem Moment nichts daran ändern. Je heftiger ich weinte, desto schlechter fühlte ich mich.

Zu meinem Entsetzen schrie der leitende Mönch mich in diesem Augenblick laut an: › Sei still oder geh raus! Geh und sitz allein am See. Es gibt keinen Schmerz. Du bist der Schmerz. Werde stärker als der Schmerz.‹

Und in diesem Augenblick hörte ich auf zu kämpfen. Der Schmerz verschwand. Ich verschwand. Stattdessen war da eine unglaubliche Freude.«

Eshin

Gefangen zu sein in einer Krankheit, voller Schmerz, ist, als säßen wir fest in einer Situation, aus der wir uns nicht befreien können.

»Der beste Weg hinaus ist der Weg hinein.«

Eido Roshi

Der beste Ausweg besteht darin, Freundschaft mit dem Schmerz zu schließen. Wenn wir kämpfen, verstärken wir ihn. Wenn wir uns für kurze Zeit in den Schmerz hinein entspannen und ihn erforschen können, eröffnen sich viele neue Möglichkeiten.

Der Weg zur natürlichen Heilung steht uns in sämtlichen Situationen offen, aber wenn wir kämpfen und uns unserer Angst überlassen, können wir uns diesen Weg versperren. Wenn wir loslassen und uns in den Fluss der Dinge begeben, schließen wir uns an unsere umfassendere Quelle von Kraft, Führung und Hilfe an.

Legen Sie sich auf den Fußboden, ziehen Sie Ihre Schuhe aus und fühlen Sie einfach, was Sie gerade fühlen. Nehmen Sie freundlich wahr, was in Ihnen vorgeht, was immer es auch sei.

Versuchen Sie nicht, etwas zu berichtigen oder zu verändern. Nehmen Sie es einfach, wie es ist. Wo sind Sie? Wie fühlt sich der Boden unter Ihnen an? Wie viel Raum nehmen Sie ein?

Lassen Sie Ihren Körper so reagieren, wie er möchte. Er kann seinen eigenen Weg finden, sich in diesem Augenblick wohl zu fühlen.

Schließen Sie jetzt Freundschaft mit allem, was Sie in diesem Augenblick ausmacht.

Wenn Sie bereit sind, richten Sie sich langsam auf. (Beachten Sie auch, wie sich das anfühlt.)

Nehmen Sie sich einen Augenblick Zeit. Nehmen Sie sich noch einen Augenblick Zeit. Alle Augenblicke gehören Ihnen.

Freundschaft schließen mit dem, was ist – diese Einstellung lässt sich auf alles anwenden, was Ihnen widerfährt, einschließlich Krankheit, Enttäuschung und Schmerz. Was auch geschehen mag – können Sie es für den Augenblick akzeptieren? Können Sie es erkunden und sich dann erlauben, es loszulassen?

Wenn Ihnen das möglich ist, verliert Ihre Krankheit das Fremde und Beängstigende. Sie können besser mit ihr leben und sind auch eher imstande, gute Alternativen dafür zu finden.

Um uns mit unserer Erfahrung ohne Vorbehalte anzufreunden, müssen wir uns lediglich in jedem Augenblick bewusst machen, was wir fühlen, tun und denken. Wir machen einfach eine Übung daraus, zu allem, was zu uns kommt, ja zu sagen. Wenn Sie etwas immer wieder ablehnen, verschwindet es dadurch nicht. Tatsächlich wird es ständig wieder auf Sie zukommen, um von Ihnen akzeptiert zu werden. Alles muss geliebt und akzeptiert werden, auch unsere Krankheit und unser Schmerz.

Gesundheit geht damit einher, dass wir lernen, ja zu sagen. Wir fühlen uns wohl, wenn sich sämtliche Seiten in uns in einem harmonischen Gleichgewicht befinden. Dieses Wohlgefühl ist die Essenz von Versöhnung. Wenn es uns gut geht, leben wir in Harmonie mit uns selbst und der Welt, die uns umgibt.

Schauen Sie sich Ihre Krankheit jetzt an. Laufen Sie nicht davor weg.

Machen Sie sich ein inneres Bild davon und verleihen Sie ihr eine Gestalt. Wie sieht Ihre Krankheit für Sie aus? Beschreiben Sie sie oder zeichnen Sie sie.

Schauen Sie sich jetzt genauer an, was das Bild wirklich bedeutet. Was sagt das Bild über Sie und das Leben, das Sie führen?

Hören Sie aufmerksam zu.

Als Nächstes stellen Sie dem Bild sämtliche Fragen, die Sie haben, und lassen es antworten. (Fragen Sie Ihre Krankheit, was sie von Ihnen will und was sie braucht, um zu verschwinden.)

Schauen Sie, ob Sie ihr geben können, was sie braucht.

Stellen Sie sich dann vor, wie das Bild Ihnen dankt und seiner eigenen Wege geht.

Diese Übung mag ziemlich simpel erscheinen, aber sie ist sehr tief greifend und wirkungsvoll. Sie wendet sich direkt an das Unbewusste und bringt uns in unmittelbaren Kontakt mit vielen Gefühlen und Gedanken, zu denen wir bislang vielleicht keinen Zugang hatten.

Diese Übung entspringt einer meditativen Haltung gegenüber unserer Krankheit. Wir begeben uns dabei direkt in die Erfahrung hinein. Wir werden eins mit allem, was uns widerfährt. Bei dieser Haltung löst sich dann unser Gefühl auf, isoliert und allein zu sein. In diesem geistigen Zustand ist uns nichts feindlich gesonnen. Auch wenn etwas Verletzendes geschieht, können wir es verstehen und aus diesem Grunde Freundschaft damit schließen.

Der meditative Geist erlaubt der Erfahrung immer, für sich zu sprechen. Er lässt zu, dass das Leben so auftritt, wie es möchte, und er respektiert, dass ein Mensch in diesem Augenblick fühlt, was er fühlen muss. Manche sagen, dies sei eine Haltung der Ehrerbietung gegenüber allem Leben.

Diese Haltung steht nicht unbedingt im Konflikt mit medizinischer Behandlung. Sie befindet sich mit nichts im Widerspruch. Ist eine medizinische Behandlung erforderlich, wird sie akzeptiert wie alles andere auch.

In dem Maße, wie eine beruflich mit Kranken arbeitende Person, ein Familienmitglied oder ein Freund diese Haltung einzunehmen imstande ist, kann diese Person dem Patienten helfen, mit dem, was er wirklich braucht, in Kontakt zu kommen.

Manchmal entscheiden kranke Menschen sich dafür, nicht gesund zu werden. Auch das muss respektiert werden. Wir alle haben unsere festen Vorstellungen davon, wie Patienten genesen und wie die Fortschritte aussehen sollen, die sie zu machen haben. Doch diese Fortschritte sehen für jeden Menschen anders aus. Manche müssen Zeiten großer Hinfälligkeit durchmachen. Und aus diesem Chaos können sich allmählich neue Lebensformen entwickeln. Manchmal müssen wir zerbrechen, um neu anfangen zu können.

Es zeugt von sehr viel Liebe und großem Respekt, wenn wir einem Individuum das Recht zugestehen, seine eigenen Entscheidungen zu treffen, nicht nur in Bezug auf Krankheit, sondern im Leben überhaupt; und auch uns selbst dieses Recht einzuräumen.

»Kaum wahrnehmbar, strecken die grünen Blätter sich, der Sommer naht.«

Shiki

Und so merkwürdig es scheint – wir werden jeden Augenblick, den wir so leben, ganz gleich wie schwierig oder ungewohnt er sein mag, als einen Augenblick der Freude erleben.

2 Veränderung verstehen

»Was haben wir, was wir verlieren könnten?«

Wir kommen mit leeren Händen ins Leben und gehen dann davon aus, dass wir alles ergreifen und festhalten können. Sofort pochen wir auf unser Besitzrecht: *»Dies ist meine Mutter. Sie kann nicht weggehen.«* Ein enormer Hunger entsteht. Was ist es, worauf wir hungrig sind? Zuerst fordern wir nur Nahrung und Liebe. Am Anfang unseres Lebens ist es leicht, Befriedigung zu finden. Aber schon bald wird unser Verlangen subtiler. Und unsere so genannten »Bedürfnisse« werden verwickelter. Wir wollen alles. Wir wollen haben, festhalten und besitzen. Wir wollen alles besitzen und für immer.

Ein kleines Kind, das mit seiner Mutter einen Laden betritt, weiß gar nicht, wo es zuerst hinschauen soll. Das Kind greift nach allem, was es sieht. Sein Spielzeug gehört nur ihm. Auch seine Freunde sind sein Besitz. Das Kind beharrt darauf, dass sie nicht fortgehen. Es ist schwer, über diese Haltung hinauszuwachsen.

Wir empfinden uns als Mittelpunkt eines Universums, in dem alles nur zu unserem Vergnügen existiert.

Wir kämpfen um unseren Anteil und schützen das, was wir haben, mit unserem Leben selbst.

Wenn uns eine Krankheit ereilt, betrachten wir sie als Bösewicht, der uns unsere Bonbons wegnimmt. Aber was besitzen wir denn? Was gehört uns wirklich? Selbst unser Körper führt ein Eigenleben.

Wir können unser Leben als Prozess betrachten, hungrig zu werden, nach Nahrung zu suchen, um dann wieder Hunger zu bekommen. Wir müssen aber auch Pause machen, um die Nahrung aufzunehmen und zu verdauen. Wir müssen bereit sein, die Abfallprodukte auszurangieren.

Wir bekommen viele Bonbons, aber sind wir auch bereit, dem Universum etwas zurückzugeben? Bestimmt nicht die Menschen, die wir lieben.

Wir brauchen, während wir heranwachsen, viele Arten von Nahrung; emotionale Nahrung, intellektuelle Nahrung, soziale und spirituelle Nahrung. Wir könnten sagen, dass unsere Lebensreise darin besteht zu entdecken, welche verschiedenen Nahrungen wir für unser Wohlbefinden brauchen, und herauszufinden, wie wir sie bekommen, essen, verwerten, verdauen und aufnehmen; und wie wir sie dann loslassen können. Wir würden nicht sehr lange leben, wenn wir nicht regelmäßig zur Toilette gingen. Niemand spricht gern über Toiletten. Aber wenn wir uns mit Krankheit, Festhalten und Loslassen befassen wollen, ist das ein wichtiges Thema. Niemand kann im Leben einfach immer weiteressen. Wir müssen lernen, satt zu werden und loszulassen.

In dieser Gesellschaft kreist das Leben vieler Menschen darum, Dinge anzuhäufen, viel zu essen und dick zu werden. Wir sind sehr stolz auf das, was wir angehäuft haben; Geld, akademische Grade, Fähigkeiten, Freundinnen und Freunde, Wissen, Besitz, Liebhaber, Gemäldesammlungen und Fotos.

Schon bald sind wir satt und laufen über. Wir sind so satt, dass wir uns kaum bewegen können. Unsere Häuser und Wohnungen sind voll mit Besitz, und doch suchen wir nach mehr. Die meiste Zeit verbringen wir mit der Jagd nach dem Perfekten – Dingen, Berufen, Beziehungen.

Es fällt uns nicht leicht, die Schubläden zu öffnen und Dinge auszurangieren. Wir haben noch nicht begriffen, dass leerer Raum wertvoll ist. Vielleicht haben wir noch nicht gelernt, mit unserem Hunger Freundschaft zu schließen und nicht zuzulassen, dass er es ist, der uns verschlingt.

Unser Sammeln und Anhäufen ist unweigerlich mit dem Prozess des Festhaltens verbunden. Wir bekommen große Angst zu verlieren, was wir angehäuft haben. Alles scheint wertvoll zu sein, ganz gleich was es ist. Wir machen kaum Unterschiede. Wir wollen alles behalten, der alten Zeiten wegen. Warum?

Herausfinden, was wertvoll ist

Warum halten wir nicht inne und fragen uns: »Ist dies wertvoll? Hat das Bedeutung für mich? Brauche oder will ich es noch?« Stattdessen fühlen wir uns getrieben, mehr zu tun, mehr zu besitzen und dem Gefühl nachzujagen, größer, besser und klüger zu werden.

Wir haben das überwältigende Bedürfnis, jemand Wundervolles zu *werden*, etwas Bedeutendes zu *tun*, damit unser Aufenthalt hier einen Sinn bekommt. (Als wären wir so, wie wir sind, bedeutungslos.) Eine alte Zen-Geschichte lautet:

»Ein Schüler war auf der Suche nach einem Lehrer, der ihm zeigen sollte, wie das Leben am besten zu leben sei. Nachdem er viele Wochen auf einem hohen Berg umhergewandert war, gelangte er zu der Hütte eines alten Zen-Meisters. Es war eine einfache Hütte, sparsam möbliert und äußerst sauber. Der alte Lehrer lud ihn ein hereinzukommen und bot ihm eine Tasse Tee an. Der Schüler wartete geduldig, während das Wasser für den Tee heiß wurde. Als es schließlich kochte, bereitete der Lehrer einen guten Tee zu. Der Schüler hielt ihm seine Tasse hin, um den Tee zu empfangen, und der Lehrer goss ihn hinein. Auch als die Tasse schon voll war, fuhr er fort, Tee hineinzugießen. Schon bald floss der Tee über den Rand der Tasse und verbrannte die Hand des Schülers. Der Schüler schrie erschrocken auf. › Warum gießt du den heißen Tee über den Rand der Tasse?‹ › Wie diese Tasse‹, entgegnete der Lehrer, › bist auch du bis an den Rand voll mit dir selbst, mit deinen Gedanken, Gefühlen und Meinungen. Wenn du etwas von mir lernen willst, musst du zuerst deine Tasse leeren.‹ «

Der Lehrer in dieser kleinen Hütte forderte den Schüler auf, seine Glaubenssysteme auszuräumen. Wie dieser Lehrer helfen Krankheit und Verlust uns, den Blick auf uns selbst zu richten. Sie rütteln uns wach und zerren uns ein wenig aus dem Schlaf, in dem wir leben. Wir lernen, unseren Griff zu lockern.

Festhalten verstehen

Warum halten wir so hartnäckig fest und klammern uns an Menschen und Dinge? Was ist der Grund für dieses Verhalten? Es scheint so automatisch, natürlich und grundlegend, dass wir es überhaupt nicht in Frage stellen.

Dieses Festhalten ist verbreitet, aber nicht natürlich. Und es ist mit Sicherheit nicht notwendig. Es entsteht nur, weil wir zutiefst verwirrt sind und nicht wissen, wer wir wirklich sind, wo wir sind und was tatsächlich geschieht. Es beruht darauf, dass wir das Wesen unserer Beziehungen nicht verstehen und Angst haben, verlassen zu werden. Wir glauben, je mehr wir klammern, desto weniger Angst müssen wir haben. Das Gegenteil stimmt. Das Klammern selbst ruft die Angst hervor.

Und dann tritt eines Tages eine Krankheit in unser Leben und macht uns deutlich, dass wir immer nur nach dem Wind greifen, ganz gleich, wie fest wir klammern. In Wirklichkeit gibt es nichts, was wir festhalten können, und je fester wir zugreifen, desto mehr zerdrücken wir, was wir in unseren Händen halten.

Vielleicht sehen wir noch nicht, dass wir nicht verlassen werden können.

Dieses Gefühl, dass wir zerdrücken und zerdrückt werden, bildet den Kern des Schmerzes, den wir empfinden. In diesem Gefühl zeigt sich unser Widerstand gegen den Fluss des Lebens, und es wird gespeist von den Glaubenssystemen, an denen wir so hartnäckig festhalten. Viele von uns würden lieber sterben, als sich ihre Glaubenssysteme gründlich anzuschauen oder sich auch nur im Traum vorzustellen, sie aufzugeben.

Glaubenssysteme

Ein Glaubenssystem ist eine Reihe von Bedeutungen, die wir den endlosen Phänomenen, mit denen wir täglich konfrontiert sind, als Interpretation zuordnen, um damit zurechtzukommen. In gewisser Weise sind Glaubenssysteme wie verschiedene Fenster, durch die wir unser Leben betrachten. Meistens nehmen wir Dinge nicht unmittelbar wahr, sondern sehen das, was wir darüber glauben. Viele Glaubenssysteme dienen dem Zweck, dem, was wir nicht verstehen, einen Sinn zu verleihen.

Meistens übernehmen wir diese Glaubenssysteme unbewusst und tragen sie innerlich still mit uns herum, ohne überhaupt zu wissen, dass sie existieren. Dann erleben wir etwas Bestimmtes, und diese Überzeugungen brechen sich Bahn und bereiten uns oft viel Qual und Angst.

Es ist außerordentlich wichtig zu untersuchen, mit welchen Glaubenssystemen wir leben, welche Art Fenster wir wählen, um das Leben zu betrachten. Vielleicht glauben wir insgeheim, dass wir für alles verantwortlich sind, was geschieht. Dann haben wir das Gefühl zu versagen, wenn ein geliebter Mensch stirbt. Das ist ein Beispiel für ein Glaubenssystem in Aktion. Nicht das Ereignis selbst bereitet uns zwangsläufig Schwierigkeiten, sondern die Überzeugungen und Bilder, die wir diesbezüglich in uns tragen.

Seit Anbeginn aller Zeiten wurden Krankheit und Tod mit Glaubenssystemen umgeben. Manche sagen, wir seien nur einen flüchtigen Augenblick hier. Andere glauben, wir seien eine ewige Seele und kämen um einer größeren Aufgabe willen auf diese Erde – vielleicht, um Gott zu dienen oder die Welt zu retten. Für wieder andere ist der Tod selbst ein totales Nichts – Dunkelheit, Verlust, Endgültigkeit.

Hier einige Äußerungen, die wir häufig zu hören bekommen. Was besagen diese Kommentare? An welchen Überzeugungen halten diese Individuen fest?

»Womit hat er das nur verdient? Er war so ein guter Mann.«

»Sie war noch so jung. Warum sie? Das ist einfach schrecklich.«

»Wenn es nach mir gegangen wäre, hätte ich ihm ein paar Pillen gegeben. Warum nicht? Welchen Sinn sollte es haben, sich so lange zu quälen?«

»Ich habe mein Leben lang gespart und auf meine Rente gewartet. Meine Frau und ich hatten so viele Pläne. Erst vor einem Jahr bin ich in den Ruhestand gegangen. Und jetzt habe ich nur noch zwei Monate zu leben. Wofür das alles? Für nichts und wieder nichts. Ich fühle mich wie das Opfer eines schrecklichen Witzes.«

Als ich Menschen speziell nach ihren Überzeugungen zum Sterben fragte, bekam ich unter anderem folgende Antworten:

»Ich bin hier, um Buße zu tun, um schlechtes Karma zu löschen.«

»Das Leben ist eine Reinigung. Mein Schmerz wird mich von aller Schuld reinwaschen.«

»Ich bin gekommen, um bestimmte Lektionen zu lernen. Wenn ich sie gelernt habe, ist es vorbei.«

»Das Leben ist ein einziger schrecklicher Witz. Wir leben nur einmal, dann ist es aus und vorbei.«

»Es gibt keinen *Sinn* im Leben. Man lebt und stirbt. Nur die Starken überleben.«

»Wenn ich aus diesem Leben gehe, erwartet mich das Jüngste Gericht. Ich werde Rechenschaft ablegen müssen.«

»Ich bin nur hier, um lieben zu lernen.«

»Ich werde immer wiederkehren. Ich habe viel Zeit, um zu lernen.«

»Meine Seele lebt ewig und wird niemals sterben.«

»Das Leben ist eine Freude, ein Segen und ein Geschenk. Ich bin hier, um es zu genießen und mich zu bedanken.«

Für manche gibt es sogar eine Alternative zum physischen Tod. Das sind die Anhänger der Unsterblichkeitsphilosophie, die eine Atemtherapie namens *Rebirthing* entwickelt haben, mit der sie bis zu ihrer eigenen Geburt zurückkehren und sämtliche negativen Gedanken und Traumen loslassen, die sie zu der Überzeugung gebracht haben, es sei nicht sicher und lustvoll, lebendig zu sein.

»Die Vorstellung, dass der Tod unausweichlich sei, hat mehr Menschen umgebracht als sämtliche anderen Todesursachen zusammengenommen. Tatsache ist, dass auf dieser Erde Menschen leben, die über 200 Jahre alt sind. Jeder Tod ist Selbstmord. Ihr Denken erzeugt den Tod Ihres Körpers. Ihre Überzeugungen steuern Ihren physischen Körper. Wenn Sie Ihren Körper ebenso lieben, wie Gott ihn liebt, können Sie ewig leben.«

Leonard Orr und Babaji

Können Sie sehen, dass diese verschiedenen Glaubenssysteme in Krisenzeiten unterschiedliche Reaktionen und Verhaltensweisen nach sich ziehen? Vielleicht wecken uns diese Fragen mitten in der Nacht, wenn wir nicht schlafen können, und beunruhigen uns innerlich. Wohin führt diese Krankheit? Werde ich gesund? Und was passiert dann?

Weil wir nicht wissen, wer wir sind und wie unser Platz in dieser Welt aussieht, zittern wir vor Angst. Einige von uns können auch befürchten, unser Leben und unsere Art, es zu verbringen, sei nichts weiter als ein einziger lächerlicher Witz. Dies ist der Schmerz der Sinnlosigkeit, der heftigste von allen.

Nehmen Sie sich einen Augenblick Zeit, um zu überlegen, wie Ihre Glaubenssysteme aussehen.
Wie sehen Sie Ihr eigenes Kommen und Gehen?
Sind diese Überzeugungen Ihrem Leben dienlich? Helfen sie Ihnen weiter? Verleihen sie Ihnen Mitgefühl und Stärke?

Die Antworten, die wir finden, können tatsächlich von zweitrangiger Bedeutung sein. Das Forschen selbst ist das eigentlich Wichtige und macht uns wirklich wach. Wenn wir uns unsere Überzeugungen, Gefühle und automatischen Meinungen gründlich anschauen, hilft uns das, Mitgefühl zu entwickeln und andere Standpunkte zu akzeptieren.

Wenn wir uns unsere Überzeugungen bewusst machen und aufmerksam dafür werden, können wir selbst bestimmen, wie wir dieser Welt begegnen möchten. So betrachtet, sind Krankheit und Verlust nicht zwangsläufig eine Tragödie, sondern ein *Koan*, den das Leben uns allen aufgibt.

Ein Koan ist eine Frage, die ein Zen-Meister seinen Schülern stellt. Diese Frage hat keine logische Antwort. Sie kann nicht gelöst werden, indem wir darüber nachdenken. Sie kann nicht gelöst werden, indem wir forschen und suchen. Ja, diese Frage muss zwar beantwortet werden, doch die Antwort liegt in Ihrem Leben selbst. Schon bald beginnt Ihr Koan Sie zu verfolgen. Er beginnt innerlich zu schmerzen. Er weckt Sie mitten aus Ihrem Schlaf. Der Zen-Meister wartet, und Sie haben keine Wahl, Sie müssen die Antwort finden. Sie können sich nirgendwo verstecken.

Bevor Leben und Tod nicht Ihr wahrer Koan geworden sind, können Sie nicht wirklich ganz werden. Unwichtige Dinge nehmen übertriebene Proportionen an. Das, was wirklich kostbar ist, wird beiseite geschoben. Ein Koan rückt alles an seinen richtigen Platz.

Wenn Sie Ihren Koan schließlich beantworten, sind Sie nicht mehr imstande zu hassen.

Wir wollen jetzt mit einigen Übungen beginnen, die Sie am besten zu zweit ausführen und die Ihnen helfen, sich im Leben und angesichts von Verlust wohler zu fühlen.

Sie können diese Übungen auch allein machen, indem Sie die Fragen schriftlich beantworten. Besser ist jedoch, wenn Sie Ihre Antworten einem Gegenüber mitteilen. Wenn Sie mit einem Partner zusammenarbeiten, sollten Sie die Übung laut durchführen.

 Zuerst macht einer von Ihnen die gesamte Übung (und ergänzt den einleitenden Satz zehn Mal). Der andere hört einfach zu, ohne das Gehörte zu kommentieren und sagt nach jedem Satz »Danke«. Dann tauschen Sie die Rollen. Jeder von Ihnen ergänzt den Satz zehn Mal.

Wenn Sie beide mit der Übung fertig sind, sprechen Sie über Ihre Gefühle und Reaktionen, die durch die auftauchenden Inhalte ausgelöst wurden. (Diese Anweisungen gelten für sämtliche folgenden Übungen in diesem Buch.)

Sagen Sie schnell, was Ihnen in den Sinn kommt, was es auch sei. Seien Sie spontan. Es gibt keine richtigen oder falschen Antworten. Was immer Sie sehen und fühlen, ist für Sie richtig.

Sie können die Fragen auf verschiedene Weise beantworten: Malen Sie ein Bild, wenn Sie möchten, schreiben Sie ein Gedicht oder fertigen Sie eine Collage an.

Die Kunst bei diesen Übungen ist, sich selbst nicht zu verurteilen, zu kontrollieren oder die Antworten zu manipulieren, sondern sich einfach sämtliche Reaktionen erleben zu lassen, die spontan kommen.

*Haben Sie keine Angst vor diesen Übungen. Es kann nichts
Schlimmes geschehen. Sollten Sie Angst bekommen, erlauben Sie sich einfach, sie zu spüren und loszulassen. Je weniger Aufmerksamkeit wir der Angst schenken, desto weniger
hat sie uns im Griff.
Gehen Sie freundlich mit sich um. Frische Blumen im Raum
sind eine gute Unterstützung. Wenn Sie fertig sind, ist es
wunderbar, Tee zu trinken und Kekse zu essen.*

*Lassen Sie uns einen Blick auf einige der Bilder werfen, die
wir uns vom Leben und Sterben gemacht haben.*

1. Tot sein heißt ...
Einige Beispiele für Antworten:
- *Gleichgültig sein, sich um niemanden um uns herum kümmern.*
- *Von morgens bis abends immer nur Schmerzen zu haben.*
- *Von meiner Mutter getrennt zu sein.*
- *Ständig immer nur allein zu sein.*
- *Nicht imstande sein zu sagen: »Ich liebe dich.«*
- *Kein Puls, kein Herzschlag, keine Gehirnwellen. Ganz einfach. Keine große Sache.*
- *So etwas wie den Tod gibt es gar nicht. Das ist nur ein
Traum, und ich habe keine Angst.*

*Malen Sie jetzt Ihre Antwort. Schreiben Sie ein kurzes Gedicht darüber. Nehmen Sie ein Stück Ton zur Hand und geben Sie ihr eine Gestalt. Ändern Sie beliebig die Form. Zeigen
Sie das alles Ihrer Partnerin oder Ihrem Partner.*

2. Lebendig sein heißt ...

Einige Beispiele für Antworten:

- *Sich körperlich lieben. Genau.*
- *Bereit sein, sich selbst bedingungslos zu geben.*
- *Bei der Arbeit streng sein.*
- *Der Familie nahe sein.*
- *Tanzen gehen und nicht viel schlafen.*
- *Beobachten, wie im Frühling die Blumen sprießen.*

3. Die Wahrheit über den Tod ist für mich ...

4. Die Wahrheit über das Leben ist für mich ...

5. Wenn ich tot bin, werde ich ...

6. Wenn ich lebendig bin, werde ich ...

Sprechen Sie über die Antworten, die Ihnen in den Sinn gekommen sind. Ist der Tod ein Vater (eine Mutter) für Sie, der (die) Sie verdammt? Heißt er Sie willkommen? Ist er ein Freund? Ein Monster? Was heißt das für die Art und Weise, wie Sie Ihr Leben führen?

Wie können Sie Ihre Sichtweise ändern, um sich und allen anderen Menschen in Ihrem Leben Stärke und Frieden zu vermitteln?

3 Wer bin ich?

Das Gefühl, dass meine Welt sicher ist und immer gleich bleiben wird, dass der Tod niemals kommen wird und ich in meiner augenblicklichen Gestalt fortbestehe, ist das Wesen aller Täuschung. Dieses Missverständnis beruht darauf, dass wir nicht wissen, wer wir wirklich sind.

Die meisten von uns glauben, sie seien ihre Arbeit, ihre Leistungen, ihr Name oder ihre Beziehung. So kennen wir uns. Wir identifizieren uns mit Dingen. Wir sind dies und nicht das. Dieses ist gut, jenes schlecht. Überall ziehen wir Grenzen, die hier sind Freunde, die dort Feinde.

Aber so wie die Dinge, mit denen wir uns identifizieren, können auch wir statisch sein. Wir können leicht dahin geraten, dass wir in bestimmten Verhaltensmustern verharren und die Fähigkeit verlieren, uns zu bewegen oder zu verändern. Irgendwie identifizieren wir uns nicht mit der Grundlage allen Lebens; mit dem, was in Bewegung ist, sich ständig verändert und immer im Fluss bleibt.

Die Mohnblume ist lebendig und tanzt im Wind, aber mein statisches Gefühl von Identität beruht auf einer Welt, die immer gleich bleibt und sich nicht verändert. Es tanzt gewiss nicht im Wind.

> Einfach lebendig,
> wir beide,
> die Mohnblume
> und ich.
>
> *Shiki*

In Wirklichkeit aber verändern wir uns. Wir verlieren, was wir besitzen. Unser Mann oder unsere Frau geht von uns. Unser Haar wird dünner. Wir versuchen, so zu tun, als würde das nicht passieren, und möchten dafür sorgen, dass alles so bleibt, wie es ist. Und genau dieses Bemühen ist der Grund für unser Leiden. Denn wir verbringen unser ganzes Leben mit dem verzweifelten Versuch, die Dinge zusammenzuhalten, doch wie sehr wir uns auch anstrengen, ständig fällt alles auseinander.

Und obwohl das so ist, glauben die meisten Menschen weiterhin, ihre Sicherheit und ihre Identität beruhten allein darauf, dass sie an ihrer Welt festhalten und dafür sorgen, dass sie intakt bleibt. Natürlich wird dieses falsche Gefühl von Sicherheit ständig bedroht. Das kann nicht anders sein. Denn es beruht auf einer Unwahrheit. Im günstigsten Falle ist es einfach ein Festhalten.

Dann treten plötzlich Krankheit oder Verlust in unser Leben und erinnern uns daran, dass wir auf dem wilden Ozean treiben und nur in einem kleinen Boot sitzen, das einer Pappschachtel gleicht. Können wir irgendwo ein richtiges Schiff besteigen? Können wir lernen, mit dem Ozean eins zu werden? Und wer sind wir überhaupt?

Ein großer Prozentsatz von Männern wird kurz nach dem Eintreten in den Ruhestand krank und stirbt. Ihr Gefühl von Identität beruhte auf ihrer beruflichen Rolle. Jetzt, wo sie diese Rolle nicht mehr einnehmen, sind sie verwirrt und desorientiert.

»Bevor ich in den Ruhestand ging, war ich nicht einen Tag krank. Jetzt habe ich in kurzer Zeit schon den zweiten Herzanfall. Als ich mit der Arbeit aufhörte, ging es mit mir bergab. Ich fühlte mich verloren. Ich wusste nichts mehr mit mir anzufangen. Ich hatte das Gefühl, ich habe nichts mehr beizutragen.«

James Traubin, Angestellter im Ruhestand

Rollenspiele

Der Beruf, die Rolle, die Familie – das alles sind Stützen, mit denen wir ständig leben. Sie bereichern unser Dasein auf wunderbare Weise, aber wir müssen ihre Funktion durchschauen und einen gründlicheren Blick auf die Essenz dessen werfen, wer wir wirklich sind.

Viele Witwen und Witwer werden schwer krank und sterben innerhalb eines Jahres nach dem Tod ihrer Ehepartnerin oder ihres Ehepartners. Der Grund dafür liegt unter anderem in ihrer Identifikation mit der Partnerin oder dem Partner. Und wieder stellt sich die Frage: Wer bin ich jetzt, wo sie oder er gegangen ist?

Das Gefühl, wer wir sind, bestimmt die Qualität und Richtung unseres Lebens. Je tiefer dieses Gefühl verwurzelt ist, desto reicher und erfüllter wird unser Leben.

Während der großen wirtschaftlichen Depression in den USA sprangen viele Menschen aus dem Fenster. Plötzlich hatten sie ihr ganzes Geld verloren. Sie *waren* ihr Geld. Wer waren sie jetzt, wo ihr Geld weg war? Niemand. Also sprangen sie. Die Qual, nichts zu sein und nichts zu haben, ist die intensivste von allen. Oft sind nicht körperliche Krankheit und Verlust das Schmerzlichste, sondern das Gefühl, lebendig zu sein und doch nicht zu existieren, nicht real zu sein, niemand zu sein. Wir sind absolut verzweifelt darüber, überhaupt keinen Wert zu haben.

Wie können wir diesem Gefühl entgegenwirken? Wie können wir die Erfahrung machen, dass wir wertvoll sind? Durch das, was wir erreicht haben? Durch unsere Gefühle? Unser Handeln? Durch den liebevollen Blick eines anderen Menschen, der uns sagt, was wir für ihn bedeuten?

All das heißt, unseren inneren Wert von außen zu erleben. Und das heißt auch, dass wir Bestätigung, Zustimmung, Anerkennung von der äußeren Welt fordern. Vielleicht verbringen wir unser ganzes Leben damit, in den Spiegel der Augen anderer Menschen zu schauen. Oft wollen wir unsere Identität in Beziehungen finden.

Wir haben das Gefühl, uns unseren Unterhalt hier erarbeiten und außerdem ständig beweisen zu müssen, dass wir ihn verdienen. Wir sehen nicht, dass wir bereits vollkommen und schön sind, dass wir vollständig und ganz geboren wurden. Es muss nichts hinzugefügt werden.

»Alles, was ich von dir wollte, Mutter, war, mich so zu sehen, wie ich war. Ich wollte all die Lügen ablegen, die ich dir erzählen musste, all die Preise, die ich gewinnen musste. Ich wollte aufhören, wie verrückt voranzupreschen und dein Leben für dich zu leben. Ich wollte, dass du lernst, glücklich zu sein, und auch ich wollte das lernen.«

Andrea, eine Siebzehnjährige, tödlich an Leukämie erkrankt

Bitte beantworten Sie folgende Fragen:
Was tun Sie, um das Gefühl zu haben, ein wertvoller Mensch zu sein?
An welchem Selbstbild halten Sie fest?
Was können Sie verlieren und trotzdem noch Sie selbst sein?
Was können Sie erwerben und trotzdem noch Sie selbst sein?
Wie möchten Sie gerne von anderen gesehen werden?

Beispiele für Antworten:
Was können Sie verlieren und trotzdem noch Sie selbst sein?

»Meine Mutter. Meine Arbeit. Meine Zähne. Meine alten Klamotten. Nicht meinen Namen.«

Was können Sie erwerben und trotzdem noch Sie selbst sein?

»Ein Auto. Ein neues Haus. Viele Blumen. Einen neuen Freund.«

An welchem Selbstbild halten Sie fest?

»Ich muss ständig perfekt sein. Ich bin schön. Ich bin großzügig. Ich bin erfolgreich bei allem, was ich tue.«

Hier die Antwort eines kleinen Jungen:

»Anhalten
und jedes Geräusch zählen,
anhalten
und jeden Stein sehen,
anhalten
und den Wind hereinlassen,
anhalten
und nicht jemand sein müssen.«

Peter Rosengarden, elf Jahre alt

In Zeiten von Krankheit und Verlust haben manche Menschen das Gefühl, die verschiedenen Bilder von sich selbst nicht mehr aufrechterhalten zu können. Sie sind zu verletzlich und verändern sich zu schnell. Sie glauben, die anderen in ihrer Umgebung seien nicht mehr zufrieden mit ihnen und würden ihnen ihre Liebe entziehen.

Die Angst, die Liebe, nach der wir uns sehnen, zu verlieren, führt oft dazu, dass wir noch heftiger klammern. Oder sie bewirkt, dass andere sich an uns klammern. Aber merkwürdigerweise verstärkt dieses Festhalten, Fordern und Besitzenwollen langfristig den Schmerz. Und wir halten es irrtümlicherweise oft für Liebe.

»Da wir nicht wissen, wer wir sind, klammern wir uns an andere.«

Immer wieder sagen wir, dass wir diesen Menschen lieben. Wird der geliebte Mensch jedoch krank oder verändert sich auf eine Art und Weise, die uns nicht gefällt, dann kann unsere so genannte Liebe sich schnell in Rückzug oder Hass verwandeln. Vielleicht möchten wir die Person sogar loswerden.

Was hat all das mit wirklicher Liebe füreinander zu tun? Es ist nur die Illusion von Liebe, nur ein Ast vom Baum des Festhaltens. Es ist der Wunsch nach Besitz, der sich als Liebe tarnt – eine unechte Münze.

Liebe Mutter,
du hast das Gefühl, ein Recht darauf zu haben, in dieser Weise an mir festzuhalten und alles von mir zu fordern. Du hast das Gefühl, wir seien durch unsichtbare Bande, die ich, was mich betrifft, niemals bejaht habe, miteinander verknüpft. In deiner Vorstellung sind wir durch namenlose Kräfte zusammengeschweißt. Ich möchte nicht mit dir zusammengeschweißt sein. Ich möchte nicht, dass du mich vermisst. Ich mag den Ausdruck in deinen Augen nicht. Es fällt mir immer schwerer, dir etwas vorspielen und dir sagen zu müssen, dass ich dich liebe. Wenn du mich wirklich lieben würdest, würdest du mich lassen. Bitte bringe mir keine Süßigkeiten mehr mit.

Schauen Sie sich einmal an, wie Sie sich mit den Forderungen, die Sie an andere stellen, identifizieren. Denken Sie an einen Menschen, der Ihnen sehr am Herzen liegt. Stellen Sie sich jetzt vor, mit diesem Menschen zusammen zu sein.
Mit ... bin ich ...
Ohne ... bin ich ...

Wählen Sie eine andere Person und wiederholen Sie diese Übung mit weiteren Menschen fünf- bis sechsmal. Achten Sie darauf, wie Ihr Gefühl von Identität sich mit jedem Menschen verändert.

Geben und Nehmen

Bedingungsloses Geben und Nehmen hilft uns loszulassen. Aber oft versuchen wir, andere durch unser Geben zu halten. Oder wir geben Menschen, um uns gut zu fühlen. Manchmal machen wir Geschenke, die wir uns eigentlich nicht leisten können. Die Ausgewogenheit von wirklichem Geben und Nehmen ist in Zeiten des Verlustes ganz entscheidend.

Was geben Sie anderen?

Manche haben das Gefühl, der Patientin oder dem Patienten ständig geben zu müssen. Sie fühlen sich ausgelaugt und bekommen nichts zurück. Eine wichtige Frage an diese Personen lautet: *Was gibt Ihnen die Patientin oder der Patient im Augenblick?*

Oft fühlen sich Menschen, die krank sind, völlig nutzlos, leer und als große Last. Es ist, als hätten sie anderen nichts mehr zu bieten. Ihr Leben kann von einem tiefen Gefühl der Scham geprägt sein.

Unter diesen Bedingungen ist es leichter, zu fordern, zu manipulieren und festzuhalten, als sich wirklich an andere zu wenden und sie um etwas zu bitten. Um mit Freude nehmen zu können, müssen wir uns immer klarmachen, was wir zu geben haben. Das vermittelt uns ein Gefühl von Wert; wir spüren, dass wir es wert sind, etwas zu bekommen.

Wenn wir unsere Augen und unser Herz öffnen, um von Kranken zu lernen, können diese Menschen wunderbare Lehrerinnen und Lehrer für uns sein. Wir können sie sogar direkt fragen, was sie glauben, in dieser Situation geben zu können. Sprechen Sie offen über dieses Thema. Das kann für alle Beteiligten sehr erleichternd sein.

Eine wunderbare Möglichkeit ist, zu fragen: »Was für ein Geschenk möchtest du von mir? Wirst du mir erlauben, es dir zu geben?«
Sagen Sie dem Menschen, was er Ihnen im Augenblick gibt. Sagen Sie es ihm aufrichtig.

Wenn das Geben in der Beziehung zwischen zwei Menschen einseitig ist, wird der gesunde Fluss blockiert. Sollten wir feststellen, dass wir uns gegenseitig nichts geben oder voneinander nichts nehmen können, ist es Zeit, sich anzuschauen, woran wir festhalten. Möglicherweise verbirgt sich in diesem Fall unter dem Deckmantel des Helfens etwas Destruktives.

Wenden Sie sich einem Menschen zu, der sich in diesem Augenblick mit Ihnen im Raum befindet, und geben Sie ihm etwas, was Ihnen gehört.
(Sollten Sie alleine sein, schreiben Sie auf, was Sie einem Menschen, den Sie kennen, geben würden.)

Was sind Sie bereit zu geben?
Was glauben Sie festhalten zu müssen?
Was möchten Sie von diesem Menschen zurückbekommen?
Ist es Ihnen möglich, direkt darum zu bitten?

Beispiele für Antworten:
Was sind Sie bereit zu geben?

>»Mein Taschentuch. Etwas Geld. Ich möchte dir
>meine Muschelkette geben, weil ich das Gefühl
>habe, dass du so sehr leidest. Einen Kuss. Ich habe
>Angst, auch nur irgendetwas wegzugeben.«

Was glauben Sie festhalten zu müssen?

>»Mein Notizbuch. Alles. Meine Träume. Meine
>Mutter und meinen Vater. Meine Selbstachtung.«

Was möchten Sie von diesem Menschen zurückbekommen?

>»Ich möchte, dass du mich magst und mich nett
>findest. Ich möchte, dass du meine Hand ganz fest
>hältst. Ich möchte dein ganzes Geld. Ich möchte
>gelobt werden.«

Worum möchten Sie direkt bitten?

>»Es fällt mir sehr schwer, um etwas zu bitten. Ich
>kann mich nicht überwinden, um Liebe zu bitten.
>Wenn ich darum bitten muss, ist es nichts wert.«

Wirkliches Geben und Nehmen sind eins. Wenn wir bedingungslos geben, ohne etwas zurückzufordern, bekommen wir genauso viel, wie wir geben. Das Gefühl von Belastung, Groll und Festhaltenmüssen fällt weg. Dann existiert niemand mehr, der gibt oder nimmt, sondern nur ein offenes Herz.

Wenn wir lernen, so zu geben und zu nehmen, fangen wir an, die Früchte wirklicher Liebe zu kosten. Wahre Liebe stellt keine Ansprüche und Forderungen.

Sie schenkt dem geliebten Menschen Freiheit und Raum. Da sie niemandem gehört, kann sie auch nicht weggenommen werden. Sie ist immer da, so reichlich wie die Luft, die wir atmen.

Um davon zu kosten, müssen wir lediglich *loslassen*, was wir festhalten, und eins werden mit dem, was in diesem Augenblick geschieht. Letzten Endes werden wir sehen, dass es der Akt des Festhaltens ist, der uns von wirklicher Nahrung fern hält.

»Getrockneten Lachs bekommen und dafür Apfelsinen gegeben.«

Shiki

4 Gesunde Beziehungen aufbauen

Unser ganzes Leben besteht darin, Brücken zu bauen. Jeder Mensch, dem wir begegnen, ist eine weitere Brücke, eine weitere Verbindung, eine neue Möglichkeit, die Liebe und das Verständnis, zu denen wir fähig sind, wachsen zu lassen.

In Zeiten von Krankheit ist die Brücke zwischen zwei Menschen die wichtigste von allen. Und trotzdem wissen nur wenige von uns, wie wir sie bauen können. Nicht viele Menschen lassen sie zu. Und wenn wir uns doch einmal dafür öffnen, dann nur für wenige kostbare Momente, um gleich darauf wegzulaufen und uns zu verstecken.

In gewissem Sinne sind wir alle wie Blumen, die sich nach dem Licht sehnen und die doch ihre Blütenblätter geschlossen halten. Es gibt Sonne und Licht im Überfluss, aber wenn wir uns verschließen, können wir sie nicht hereinlassen.

Die entscheidende Brücke ist diejenige, die einem anderen Menschen Zugang zu unserer Welt gewährt. Aber beim Überqueren dieser Brücke gibt es viele Hindernisse. Meistens besteht unsere erste Reaktion auf einen anderen Menschen darin, dass wir ihn beurteilen, ablehnen oder in irgendeiner Form kritisieren. Wir begegnen jemandem und drücken ihm sofort einen Stempel auf. Statt eine Person zu sein, wird unser Gegenüber für uns zum Objekt, zur Klientin, zum Fremden oder zum Gegner. Auf diese Weise isolieren wir uns ständig von anderen. Und dann wundern wir uns, dass wir uns so alleine fühlen.

Einsamkeit, Isolation und ein tiefes Gefühl von Entfremdung sind die wahre Krankheit unserer heutigen Zeit. Diese Krankheit zeigt sich besonders eindringlich in Zeiten von körperlicher Krankheit und Verlust. In diesen Zeiten, in denen unser Bedürfnis nach wirklichem Kontakt am stärksten ist, stoßen wir stattdessen auf Ausflüchte und Lügen. Ausflüchte und Falschheiten sind so verbreitet, dass sie als Norm betrachtet werden.

Im Falle einer Krankheit brauchen wir am dringendsten eine Brücke zu wahrhaftiger Kommunikation. Und doch bauen wir sie nur selten. Viel häufiger kommt es vor, dass wir voller Missverständnisse und Verwirrung auseinander gehen. Auch wenn wir es nicht erkennen mögen – das Hindernis besteht lediglich in der Abwehr, die wir errichtet haben, damit andere uns nicht kennen lernen.

Spiele, die wir spielen

Um die manchmal als scheinbar unüberbrückbare Kluft empfundene Einsamkeit überwinden zu können, müssen wir uns auch die Rollen genau anschauen, die wir spielen – jene Identitäten, die wir so sehr schätzen. Diese Rollen, Träume und Bilder sind oft genau das, was uns in unserer Einsamkeit sicher und geschützt gefangen hält.

> »Geben Sie Ihren Stolz auf, meine Herren, Ihre vielen Wünsche, Ihre Künsteleien und Ihre extravaganten Ansprüche. All das wird Ihnen keine guten Dienste erweisen, mein Herr! Mehr habe ich Ihnen nicht zu sagen.«
>
> *Lao Tse*

Wir tragen viele verschiedene Hüte. Mit jedem Hut sehen wir anders aus und fühlen uns auch entsprechend. Diese Hüte sind bequem. Sie wehren Wind, Schnee und Regen ab. Aber manchmal klebt ein Hut auf Ihrem Kopf fest. Sie haben vergessen, dass Sie ihn nur am Nachmittag tragen wollten und er Ihr Gesicht verbirgt.

In Zeiten der Krankheit oder anderer Krisen kann die Wirklichkeit so beängstigend sein, dass wir sofort unsere besten Kleider anziehen und anfangen, die Rollen zu spielen, die uns vertraut sind.

Rollen können eine hypnotisierende Wirkung haben. Wir können uns in eine Rolle oder Phantasie verlieren und anfangen zu glauben, wir seien tatsächlich das, was wir da spielen. Oder, noch üblicher, wir verlieben uns in einen Menschen, der eine bestimmte Rolle spielt. (Hier verlieben wir uns nicht in die Person, sondern in das Bild oder die Phantasie, die sie für uns darstellt.) Es kann ein ziemlicher Schock sein, wenn die

Person diese Rollen fallen lässt und wir einem Menschen gegenüberstehen, der völlig anders ist.

Patienten zum Beispiel können leicht hypnotisiert werden von der Rolle, die der Arzt oder die Ärztin spielt. Sie können schnell zu der Überzeugung gelangen, dass dieser Mensch die Situation und sogar Leben und Tod des Patienten total im Griff hat.

Das Gefühl, es gäbe da draußen jemanden, der alles weiß, kann tröstlich sein, besonders wenn wir uns krank und unsicher fühlen. Es kann beruhigend sein, uns dieser Person auf Gedeih und Verderb auszuliefern. Viele Menschen geben ihr eigenes unabhängiges Denken freudig auf und treten ihre Entscheidungsbefugnis ab, wenn sie im Austausch dafür umfassend versorgt werden.

Rollen vermitteln uns ein vorübergehendes Gefühl von Sicherheit. Diese Sicherheit ist nichts Schlechtes, aber sie ist eben nicht beständig und keine wirkliche Antwort auf den inneren Aufruhr, der in uns toben mag. Früher oder später flackert dieser Aufruhr auf und kann in vielerlei Hinsicht zerstörerisch wirken.

Ein besserer Weg ist, uns die Rollen, die wir spielen, und die Auswirkungen, die dies hat, ein wenig genauer anzuschauen. Sämtliche Rollen beruhen auf Äußerlichkeiten, Bildern und Träumen. Diese Bilder können aus unseren geheimen Sehnsüchten erwachsen oder sogar unbewusste Seiten von uns ansprechen.

Wenn wir uns in Rollenspiele verlieren, besteht die größte Gefahr darin, dass diese Rollen beginnen, uns zu beherrschen, statt umgekehrt. Wir können den Kontakt zur Wirklichkeit des Hier und Jetzt verlieren. Das Gespür für unsere wirklichen Reaktionen kann uns abhanden kommen, so dass wir nicht mehr imstande sind zu sehen, welch großes Spektrum an Möglichkeiten uns in jedem Augenblick zur Verfügung steht.

Dieses Festkleben an einer bestimmten Rolle kann unglaublich viele Missverständnisse nach sich ziehen und die Kommunikation verhindern. Lösen Sie sich ein wenig. Schauen Sie, ob Sie anfangen können, sich Stück für Stück von der statischen Rollendefinition, mit der Sie bislang gelebt haben, zu befreien.

Neu definieren, wer wir sind

Eine Rolle beruht auf einer Reihe von Verhaltensweisen, die zu dem Zweck entwickelt wurden, für uns und andere ein bestimmtes Bild zu projizieren. In jeder Rolle nehmen wir bestimmte Verhaltensweisen, Gefühle und Haltungen ein. Diese Reaktionen sind automatisch eingebaut.

Außerdem schließt jede Rolle Verhaltensweisen aus, die wir für unangebracht halten. So wären wir zum Beispiel verblüfft, wenn unsere Ärztin oder unser Arzt in Tränen ausbräche. Unsere Ärztin wäre in diesem Falle ebenfalls verblüfft und hätte wahrscheinlich das Gefühl, die Fassung zu verlieren. Dem Arzt wäre vielleicht nicht bewusst, dass sein Weinen für seine Patientin und auch für ihn selbst in diesem Augenblick möglicherweise das Beste ist, was er tun kann. Doch meistens finden wir Verhaltensweisen, die sich nicht mit unserer Rollendefinition decken, in keinster Weise akzeptabel.

*Welche Verhaltensweisen halten Sie im Rahmen der
Rollen, die Sie einnehmen, für unangebracht?
Wie wirkt sich das auf Ihre Schaffenskraft und Ihre
Spontaneität insgesamt aus?
In welcher Form könnte diese Selbstbeschränkung zu einem
Gefühl des Ausgebranntseins beitragen?*

Die Selbstbeschränkung in Bezug auf akzeptables Verhalten kann – wie bei vielen beruflich engagierten Menschen – dazu führen, dass wir uns innerlich wie in der Falle und entsprechend ausgebrannt und gelangweilt fühlen. Dieses Gefühl stellt sich meistens dann ein, wenn unser Leben hauptsächlich darin besteht, bestimmte Gesten zu vollführen, statt aus uns heraus zu agieren.

Akt und Geste

Eine Geste sieht aus wie ein Akt. Sie ist der äußere Ausdruck eines Aktes, entspringt aber einer anderen Quelle. Eine Geste ist nicht spontan. Sie ist vorgeschriebener Bestandteil einer Rolle. Sie ist das »Richtige und das Angemessene«, das es zu tun gilt – erwartetes, reguliertes, voraussehbares Verhalten. Eine Geste ist die äußere Form. Ein Akt hingegen birgt den inneren Sinn der Tat. Ein Akt zeigt sich anders. Er ist spontan und lebendig und korrespondiert völlig mit dem Augenblick, dem er entspringt. Er deckt sich nicht zwangsläufig mit einer vorgefertigten Idee davon, wie wir uns verhalten sollten.

Alles Tun, das auf diese Weise aus der Tiefe unseres Wesens entsteht, ist heilsam. Es kann nicht anders sein. Wenn wir so handeln, statt eine Geste zu machen, sprechen wir aus unserem tiefsten Inneren. Wir haben dann das Gefühl, ganz einzugehen auf den Augenblick, der sich vor uns entfaltet.

Wir können uns kaum vorstellen, welchen Eindruck das auf eine andere Person macht.

Sein

Wir sagen, dieses Tun entspränge der Tiefe unseres Wesens. Was bedeutet das? Die Existenzialisten sprechen sehr viel vom Sein, dem tiefen, offenen Fluss unserer Existenz, der weder begrenzt noch definiert werden kann.

Dieser natürliche Fluss, an den jeder sich anschließen kann, wird von uns jedoch oft begradigt und gestaut. Genau das passiert immer dann, wenn wir ständig nur nach den festen Bildern leben, die durch unsere Rollen entstehen. Der natürliche, offene Fluss der Existenz kennt jedoch keine festen Rollen. Alles ist hier in Bewegung, in Veränderung. In einem Augenblick sind wir hier, im nächsten dort.

Die meisten von uns haben Angst vor dieser Bewegung, also leben wir unser Leben in voraussehbaren Bahnen, eingesperrt in unsere Rollen. Wir leben mehr wie Maschinen als wie Männer und Frauen. Und dann fühlen wir uns unterdrückt und unlebendig und sind gelangweilt von anderen und von uns selbst.

Viele von uns verwechseln *Aufrichtigkeit* mit selbstsüchtigem Verhalten, das auf die Gefühle anderer Menschen keine Rücksicht nimmt. Merkwürdigerweise ist genau das Gegenteil der Fall. Wenn wir imstande sind, aufrichtig auf einen Menschen oder eine Situation einzugehen, entsteht ein umfassendes Mitgefühl. Dann berührt unser Sein eine tiefe Saite im Wesen unserer Freunde. Diese Saite beginnt auf vielfältige Weise zu schwingen, und die Entfremdung, die wir in Beziehungen empfinden, verschwindet weitgehend und wie von selbst.

> »Der wahre Mensch gehört keiner Zeit an und keinem Ort, sondern er ist die Mitte der Dinge. Wo immer er ist, ist Natur.«
>
> *Emerson*

Handeln wir dagegen entsprechend unserer Rollen, fordern wir diese vorgefertigten Reaktionen gleichzeitig auch von anderen. Diese Art Begegnungen können sehr unlebendig sein. Und dann fragen wir uns, warum wir uns so erleichtert fühlen, wenn die andere Person wieder geht.

 Schauen Sie sich einen Augenblick an, was es für Sie heißt, »eine aufrichtige Frau/ein aufrichtiger Mann« zu sein.

Unsere Art zu handeln und auf Situationen und Menschen einzugehen, löst in unserem Gegenüber unweigerlich eine Antwort aus. Für jede Rolle existiert eine Komplementärrolle, die der andere im Gegenzug spielen muss. Allein durch die Kraft der Rolle, die wir wählen, rufen wir in den Menschen in unserer Umgebung bestimmte Reaktionen hervor.

Für jede Mutter muss es ein Kind geben.

Für jeden Arzt muss es Patienten geben.

Für jeden tyrannischen Menschen muss es eine Person geben, die tyrannisiert werden will.

Welche Rolle spielen Sie gerne? Schauen Sie sich einmal die Rollen an, die Sie regelmäßig spielen. Schreiben Sie sie auf.

Welche genießen Sie am meisten?

Welche Rolle haben Sie Angst zu spielen?

Wählen Sie die Rolle, die Ihnen am besten gefällt. Spielen Sie sie ein paar Minuten lang mit einer Partnerin oder einem Partner.

Jetzt tauschen Sie die Rollen. Weisen Sie Ihren Partner an, Ihre übliche Rolle zu spielen.

Wie fühlt es sich an, den Gegenpart einzunehmen?

Es ist enorm belebend und aufschlussreich, die konträren Rollen zu unseren üblichen zu spielen. Es gibt keinen besseren Weg, Kluften zu überbrücken, Verständnis zu gewinnen und Spannungen abzubauen als den, in die Schuhe eines anderen Menschen zu schlüpfen. Dabei schmelzen unsere stereotypen Bilder vom anderen unweigerlich.

Das alles soll nicht heißen, dass wir niemals Rollen spielen. Das Leben fordert von uns allen eine gewisse Flexibilität, und das heißt auch, dass wir viele verschiedene Rollen einnehmen. *Das Problem besteht nicht darin, eine Rolle zu spielen, sondern darin, dass wir durch die starke Identifizierung mit unseren Rollen den Kontakt zu unserem wahren Selbst verlieren* und dann nicht mehr sehen können, dass wir immer und zu jeder Zeit die Möglichkeit haben, unsere Rollen neu zu definieren.

(Oft scheitert eine Ehe, weil die Partner nicht erkennen, dass zwei Spieler erforderlich sind, um eine Szene weiterzuspielen. Jeder von beiden hat die Möglichkeit, seine Rolle neu zu definieren und anders zu spielen, aber sie sehen das nicht. Sie sind so identifiziert mit ihren üblichen Rollen, dass sie das Muster nicht durchbrechen können.)

Neu wählen

Rollen sind komplementär. Eine Rolle wird durch beide Personen definiert. Beide Parts sind unlösbar miteinander verwoben. Je schwächer ich bin, desto stärker scheinst du zu sein.

Mutter und Kind, Arzt und Patient tanzen zusammen. Der eine führt, der andere folgt. Aber beide haben sich zu demselben Tanz entschlossen.

Vielleicht beschließen Sie, *die Patientin* oder *den Patienten* zu spielen. Wie werden Sie diese Rolle gestalten? Sie müssen nicht das hilflose Opfer spielen, das keinerlei Kontrolle mehr hat. Sie müssen nicht ständige Aufmerksamkeit fordern. Sie können diese Rolle auf völlig neue Weise spielen.

Wenn Sie eines Tages nicht mehr Tango tanzen wollen, können Sie losgehen und sich einen Partner suchen, mit dem Sie Walzer tanzen. Es gibt unendlich viele Tänze, die Sie tanzen können, und unendlich viele Wege, die Rollen darzustellen, die Sie einnehmen.

71

Wenn Sie bestimmte Rollen spielen, lautet die entscheidende Frage: *Wer* hat diese Rollen überhaupt definiert? *Wer* ist einverstanden, sie tagtäglich zu spielen? Welche Vorteile hat das?

Zuerst einmal müssen wir erkennen, dass wir diese Rollen nicht sind. Rollen sind wie verschiedene Kleider, die wir an- und ausziehen. Wir müssen uns genau anschauen, wer wir ohne sie sind.

Wer sind Sie? Beschreiben Sie sich selbst.
Wem gehören Sie?
Wem oder was widmen Sie Ihre Zeit und Energie?
Woher wissen Sie, wer Sie sind?
Wer hat es Ihnen gesagt?

Beispiele für Antworten:
Wer bin ich?

»Schön. Jung. Schlank. Freundlich. Klug.«
»Ich bin Ärztin. Mutter. Schwester. Ein reicher Mann.«

Wem gehören Sie?

»Mir selbst. Meiner Familie. Meiner Firma. Meiner Kirche. Meinem Land natürlich.«

Wem oder was widmen Sie Ihre Zeit und Energie?

»Wohlstand. Vergnügen. Ich arbeite hart.«
»Meiner Familie. Meiner ganzen Firma. Meinem Erfolg.«

Woher wissen Sie, wer Sie sind?

»Ich habe in nur einem Jahr vierzehn Preise gewonnen.«

*»Durch die Erfolge, die ich in meinem Sport erziele.
Durch das Geld, das ich verdiene.«*

»Durch die Geschenke, die mir mein Mann mitbringt.«

*Fertigen Sie eine Liste der wichtigsten Rollen an, die Sie
spielen. Wie definieren und beschreiben Sie diese Rollen?
Welches Verhalten, welche Einstellungen und Reaktionen
werden von Ihnen erwartet?*

*Drehen Sie die Rollen jetzt um. Definieren Sie sie völlig neu
und anders.*

*Probieren Sie sie aus. Suchen Sie sich einen Partner und
spielen Sie die Rolle mit ihm.*

Entwerfen Sie Szenen, in denen es um Probleme und Persönlichkeiten geht, die Ihnen Schwierigkeiten bereiten.

Spielen Sie abwechselnd verschiedene Rollen.

*Spielen Sie die Szenen ganz durch und sprechen Sie
anschließend darüber.*

Ärzte und Ärztinnen, Pfleger und Krankenschwestern
geraten besonders leicht in die Falle rigider Rollendefinitionen. Ein Grund dafür sind die starken Erwartungen, die ihnen von ihren Patienten entgegengebracht
werden.

Rigide Rollendefinitionen tragen jedoch beträchtlich dazu bei, dass ein medizinisches Team sich gestresst
und ausgebrannt fühlt.

(Die folgende Übung richtet sich an Ärztinnen und Ärzte, Pfleger und Krankenschwestern, kann aber für jeden nützlich sein, der sich über eine Rolle definiert.)

Nehmen Sie sich Zeit und schreiben Sie auf, wie Sie Ihre Rolle sehen.

Ärztinnen/Ärzte sollten beschreiben, wie sie die Rolle von Pflegern/Krankenschwestern sehen.

Pfleger und Krankenschwestern sollten die Rolle von Arzt und Ärztin beschreiben.

Beide sollten auch die Beschreibung der Patientenrolle mit einbeziehen.

Bilden Sie jetzt kleine Gruppen und teilen Sie sich Ihre Bilder und Beschreibungen gegenseitig mit.

Schauen Sie sich an, was Sie gegenseitig voneinander erwarten. Beachten Sie, dass Sie genau das oder das nicht bekommen, was Sie erwarten.

Ärztinnen und Ärzte zum Beispiel, die Krankenschwestern für warmherzig und freundlich halten, erleben im Laufe ihres Tages auf einmal mehr Freundlichkeit und Herzenswärme. Oft lösen wir genau die Reaktionen aus, die wir erwarten.

Wir müssen unseren Horizont ständig erweitern. Manchmal bringen gerade jene Dinge, die auszusprechen oder zu tun wir am meisten fürchten, die größte Hilfe, Klarheit und Gewissheit. Wenn wir nicht experimentieren, können wir nicht wirklich wissen, was passiert.

Wenn wir unseren Blick nicht weiten und wachsen, beginnen wir zu schrumpfen. Nichts kann immer gleich bleiben. Indem wir neue Rollen einnehmen und uns die Rollendefinitionen, die wir gewählt haben, gründlich anschauen, gewinnen wir ein wirklich unverfälschtes Gefühl von wachsenden Möglichkeiten, Flexibilität und Lebendigkeit. Und dieses Heilmittel wirkt mit Sicherheit bei allen möglichen Depressionen und bei Burn-out.

5 Aufrichtig kommunizieren

Kommunikation ist ein umfassendes Thema. Grundsätzlich gesehen, sind wir ständig von einem endlosen Strom von Kommunikation umgeben. Und trotzdem hören die meisten von uns nur äußeren und inneren Lärm. Wir empfinden die Geräusche der Welt als Angriff und nicht als etwas Freundliches. Dieser Lärm kann so intensiv und brutal werden, dass unser Leben darin besteht, uns immer mehr abzuschotten.

Aber wenn wir so verschlossen leben, führt das zu Neurosen und allen möglichen Verzerrungen, wobei emotionale als auch körperliche Symptome die Regel sind. Um die Dinge ins Lot zu bringen, müssen wir lediglich zulassen, dass die Welt uns wieder erreichen kann. Sobald wir aufhören, uns gegenseitig Stempel aufzudrücken und zu verurteilen, erschließt sich uns die Möglichkeit zu wirklicher Kommunikation. Wenn wir zulassen, dass die wahre Kommunikation der Welt uns erreicht, dann legen sich Einsamkeit, Verwirrung und oft sogar Krankheit.

Es heißt, wenn wir uns gegenseitig wirklich berühren und berühren lassen, dann können unsere Krankheit und unser Schmerz nicht standhalten. Sie wandeln sich augenblicklich in jene Brücke, die von Herz zu Herz errichtet wurde.

»So wie das eifrigste Reden miteinander keine Garantie für ein Gespräch ist, so ist für wahre Kommunikation kein Ton, ja, nicht einmal eine Geste notwendig.«

Martin Buber

Was ist Kommunikation? Über dieses Thema ist so viel gesprochen und geschrieben worden, dass wir seiner schon überdrüssig sind, bevor wir beginnen, uns ihm zuzuwenden. Und doch ist Kommunikation die Essenz unserer Existenz; das Bedürfnis, gesehen und gekannt zu werden.

Dieses Bedürfnis wird in Zeiten der Krankheit, wo wir uns nach aufrichtigem Kontakt mit anderen sehnen, noch stärker. Wir können unsere Reise durch die Krankheit nicht fortsetzen, solange wir verschiedene Aspekte von Kommunikation nicht verstehen – Kommunikation, die uns Gesundheit bringt, Kommunikation, die unseren Schmerz verstärkt, die uns auf verschiedene Weise zerstört.

Bei manchen Menschen gedeihen Pflanzen prächtig, während sie bei anderen welken und sterben. Warum? Pflanzen brauchen keinen vernünftigen Grund. Sie stellen keine Fragen. Sie wachsen einfach oder gehen ein. Trotz aller vernünftigen Argumente gedeihen oder welken aber auch wir im Umfeld verschiedener Menschen. Es ist wichtig, dass wir beginnen, darauf zu achten. Wie reagieren wir instinktiv? Was brauchen wir, um uns gesund und ganz zu fühlen?

Meistens erwartet man von uns, dass wir jemanden wegen seiner Verdienste »mögen« und wegen seiner

Fehler »ablehnen«. Aber auf einer instinktiven Ebene funktioniert das in der Regel nicht auf dieses Weise. Insgeheim lieben wir die so genannten Schurken und fühlen uns nicht übermäßig wohl in Gegenwart der so genannten Heiligen.

Die grundlegende Kommunikation ist hier wichtig und damit unser instinktives Gefühl für das, was geschieht. Menschen, die krank sind, brauchen immer die Art von Kommunikation, die Pflanzen üppig wachsen lässt und uns das Gefühl schenkt, innerlich erfüllt zu sein.

Kommunikation hat viele Facetten. Wir reden und hören auf ganz unterschiedliche Weise zu. Zunächst einmal sind da die Worte, die wir sprechen. Eine Ebene tiefer vermitteln wir uns durch Körpersprache, Bewegungen und über subtil gesendete Botschaften. Wie stehen, sitzen oder bewegen wir uns? Welche Gesten machen wir? Wie sind wir gekleidet? Wie klingt unsere Stimme? Stimmt all das überein? Oft ist das nicht der Fall.

Viele Menschen beklagen sich darüber, dass sie nicht verstanden werden. Ehefrauen beschweren sich darüber, dass ihre Männer sich nicht wirklich mitteilen. Krankenschwestern haben das Gefühl, dass die Ärzte nicht genügend kommunizieren. Und Patienten empfinden oft das Gleiche bezüglich des medizinischen Personals. Auch Familien haben ihr eigenes verwickeltes Kommunikationssystem. Manche bemühen sich nach Kräften zu verhindern, dass die Angehörigen untereinander die Wahrheit erfahren.

Es gibt so viele verschiedene Wege des Kommunizierens, wie es Menschen gibt, und ebenso viele Wege, zuzuhören und gehört zu werden. Manche kommunizieren ihr Leben lang nicht, sondern verstecken sich, halten sich zurück und präsentieren eine Fassade. Diese Menschen leben in einem selbst errichteten Gefängnis. Und auch die Weigerung zu kommunizieren ist eine Form von Kommunikation.

> »Es gibt auf diesem Gebiet keine Begabten und Unbegabten; sondern nur Menschen, die sich geben, und Menschen, die sich zurückhalten.«
>
> *Martin Buber*

Aber unsere Vorwände sind letzten Endes kein wirklicher Schutz. Auf die eine oder andere Weise durchschauen wir alle die Spiele, die gespielt werden. Ganz gleich, wie sehr wir miteinander schauspielern, was wir auf einer tieferen Ebene kommunizieren, wird immer gehört. Und es wird immer auch darauf geantwortet. Das kann nicht anders sein.

Wann teilen Sie sich rückhaltlos mit?
Bei wem sind Sie am meisten bereit, sich mitzuteilen?
Mit wem widerstrebt es Ihnen zu kommunizieren?
Warum? Was ist der Unterschied zwischen beiden?
Achten Sie einmal darauf, wie Sie sich in beiden Fällen fühlen.

Soll ich der Patientin oder dem Patienten die Wahrheit sagen?

Menschen, die im Gesundheitswesen arbeiten, Familien und Freunde fragen sich oft, ob sie der kranken Person »die Wahrheit sagen« sollen. Diese Frage geht bereits als solche in die falsche Richtung. Denn auf einer bestimmten Ebene weiß jeder, der krank ist, was passiert. Manche möchten sich direkt damit auseinander setzen, andere nicht. Wenn wir aufmerksam zuhören und respektieren, was die kranke Person mitteilt, erfahren wir auf direktem Wege, ob es ihr wichtig ist, »die Wahrheit anzusprechen« oder nicht.

Wenn der Betroffene selbst um Informationen bittet und wir zögern, sie ihm zu geben, sollten wir bedenken, dass er mit unserer Hilfe innere Klarheit gewinnen möchte. Haben wir das Recht, sie ihm zu verwehren? Gehören die entsprechenden Informationen uns? In den meisten Fällen beruht die Angst davor, »die Wahrheit mitzuteilen«, gar nicht auf der Sorge um die andere Person, sondern um uns selbst. Die eigentliche Frage lautet deshalb: »Sind wir bereit, uns der Wahrheit offen zu stellen und uns mit ihr auseinander zu setzen?«

Überlegen Sie einmal genau: Sind Sie bereit zu einem aufrichtigen, offenen Austausch? Oder würden Sie lieber Abstand halten? Diese Entscheidung müssen Sie treffen. Denken Sie einen Moment nach. Möchten Sie die Wahrheit über Ihre Lebenssituation wissen? Schützen Sie den anderen Menschen, weil Sie eines Tages selbst geschützt werden möchten? Was könnten Sie beide gewinnen, wenn Sie sich dieser Wahrheit gemeinsam aufrichtig stellen? Worin bestehen die Schwierigkeiten?

Gehen Sie über diese Fragen nicht einfach schnell hinweg. Sie sind wichtig, und es gibt nicht die eine richtige Lösung. Je nach Situation verlangen sie unterschiedliche Antworten. Wofür Sie sich auch entscheiden mögen: Seien Sie klar und aufrichtig mit sich selbst.

Wenn Sie bewusst beschließen, wie Sie vorgehen wollen, ist jede Entscheidung akzeptabel. Weniger annehmbar hingegen ist, wenn wir uns oder dem anderen gegenüber in *Mystifizierungen* ausweichen.

Mystifizierung

Mystifizierung ist eine weitere Form von Kommunikation. Leider ist sie im Umgang mit Kranken nur allzu sehr verbreitet. Mit diesem Begriff beschreiben wir die bewussten oder unbewussten Bemühungen eines Menschen, die Gefühle und Wahrnehmungen eines anderen zu verwischen, zu mystifizieren oder zu verleugnen. Diese Art von Kommunikation untergräbt und beeinträchtigt unser Wohlbefinden. Sie wirkt wie Gift, zieht uns herunter und schwächt damit auch unseren Willen, gesund zu werden.

Der Mensch, der mystifiziert wird, hat das Gefühl, nicht auf sicherem Boden zu stehen. Vielleicht erreichen ihn zwei verschiedene Botschaften gleichzeitig. Über die Worte hört er das eine, während er auf der nonverbalen Ebene oder durch das Verhalten seines Gegenübers etwas völlig anderes empfängt. Der Empfänger dieser Art von Kommunikation weiß nicht, auf welche Botschaft er sich beziehen soll. Er fühlt sich wie gelähmt durch das, was man ihm mitteilt. Das ist ein sicherer Weg, andere und auch uns selbst verrückt zu machen. Beispiel:

Susan: »Mutter, immer wenn ich dir nahe kommen und dich berühren möchte, weichst du aus.«

Mutter: »Das stimmt nicht. Das bildest du dir ein. Schau doch, ich stehe hier direkt vor dir.«

Susan: »Das tust du nicht. Du bist kilometerweit weg von mir.«

Mutter: »Du bist verrückt. Ich stehe doch hier. Schau doch richtig hin.«

Susan: »Ich schaue. Aber ich kann dich nicht sehen.«

Was geschieht hier? Manche Menschen, die diesen Dialog lesen, würden Susans Wahrnehmungen sofort verleugnen oder erklären wollen. Das geht jedoch am Kern der Sache völlig vorbei. Susans Gefühle und Wahrnehmungen müssen so akzeptiert werden, wie sie sind, auch wenn sie anders aussehen mögen als das, was sich uns von außen zeigt. Obwohl die Mutter neben ihr am Bett steht, hat Susan das Gefühl, sie sei kilometerweit entfernt. Der Punkt ist, dass Susan um inneren Kontakt bittet. Wenn die Mutter sich ihrer Tochter nahe fühlen würde, dann würde diese das wahrscheinlich sofort spüren.

Von der Ebene der objektiven Realität aus betrachtet, ist ihre Mutter da. Ihr Körper ist anwesend. Aber wo ist ihre Mutter wirklich? Innerlich muss sie die Herzenswärme und die Nähe zurückhalten, nach der Susan laut ruft. Die Mutter verweist ständig nur auf die Ebene der objektiven Realität. Das ist für Susan verwirrend. Wenn ein Mensch sehr krank ist, dann ist er empfänglicher für seine inneren Wahrheiten und Bedürfnisse.

Manche Psychologen würden sagen, dass dieses Kind Gefühle von Isolation und Einsamkeit erlebt, die es dann auf die Mutter *projiziert.* Dieses Wort ist entscheidend. Das heißt, dass das Kind seine eigene innere Welt einfach auf einen anderen Menschen überträgt. Dabei bleibt die Tatsache unberücksichtigt, dass das Kind auch auf die innere Welt der anderen Person reagiert.

In Wirklichkeit verlaufen beide Aktivitäten gleichzeitig. Aber in diesem Rahmen müssen wir uns vor allem auf die Frage konzentrieren, wie die Mutter ihrem Kind wirklich nahe sein könnte, so dass dessen Gefühle von Einsamkeit und Entfremdung verschwinden.

Die Mutter könnte als erstes zugeben, dass sie innerlich vielleicht wegläuft. Sie könnte sagen, dass es sehr schmerzlich für sie ist, ihr Kind krank zu sehen. Wenn sie dem Kind das mitteilen könnte, wäre dieses sofort erleichtert und würde sich in seinem Leid nicht mehr so alleine fühlen.

In dem oben beschriebenen Dialog verwickelt sich die Mutter einfach in Verteidigungsreden. Und indem sie sich verteidigt, weist sie die Gefühle des Kindes zurück und verweigert diesem jede Bestätigung. Wenn die Mutter Susans Erfahrung jedoch bestätigen würde, und zwar ganz unabhängig davon, was sie, die Mutter, selbst empfindet, würde sie Susan genau das geben, worum diese bittet – das Gefühl, dass jemand ihr innerlich nahe ist.

Wenn ein Mensch sehr krank ist, braucht er einfach von Ihnen, dass Sie ihn und seine Erfahrung achten; und dass Sie sich selbst ebenfalls respektieren. Andernfalls fühlen Kranke sich ziemlich einsam und entfremdet, weil sie das Gefühl haben, dass niemand sie und das, was sie erleben, verstehen kann.

Wahrhaftig sein

Wir alle spielen fast unser ganzes Leben lang die unterschiedlichsten Variationen des Spiels »So tun als ob«. Tun wir einmal so, als seist du König Arthur und ich die Königin. Tun wir einmal so, als ob du das nicht gesagt hättest und ich es nicht gehört hätte. Tun wir einmal so, als sei das überhaupt nicht wichtig.

Ich helfe dir, an deinen Masken festzuhalten. Und du hilfst mir, an meinen festzuhalten. In gewisser Weise hilft uns das, uns sicher und geschützt zu fühlen. In anderer Hinsicht beraubt es uns unseres wahren Lebens. Wir fangen an, in einer selbst erfundenen Welt zu leben. Wir werden zu bloßen Pappfiguren, die im Grunde nicht real sind. Wenn jemand an unsere Tür klopft, um uns zu besuchen, ist oft niemand zu Hause.

Wenn ein Mensch krank ist und an unsere Tür klopft, braucht er jedoch einen ganz realen Menschen. Er will eine ganz reale Hand in seiner halten können.

Wenn wir unser Leben damit verbringen, den anderen Fassaden darzubieten, verlieren wir den Kontakt mit dem Menschen, der wir wirklich sind. Bleibt unsere ganze Aufmerksamkeit nur immer auf die äußere Welt gerichtet, sind wir gefangen im Blick der anderen. Und damit verhindern wir wirkliche Kommunikation. Die Worte eines Menschen, der sich in Rollen und Spiele flüchtet, sind leer. Andere werden ihm zuhören, ohne ihm zu glauben. Unser Gefühl von Vertrauen und Gemeinsamkeit nimmt Schaden. Sobald wir jedoch imstande sind, unsere Spiele aufzugeben, strahlen wir tatsächlich Präsenz und Liebe aus.

Die beste Vorbereitung auf das Zusammensein mit Menschen, die krank sind, besteht also darin, an uns zu arbeiten, unsere Masken fallen zu lassen und eine wahrhaftige Person zu werden. Das mag anfangs nicht so einfach sein.

Jeder Mensch hat Angst, bloßgestellt zu werden. Manche würden lieber sterben, als sich die Maske abnehmen zu lassen. Selbst Menschen, die ziemlich krank sind, fragen sich oft weiterhin besorgt, welches Bild sie abgeben und welchen Eindruck sie auf andere machen.

Krankheit und Verlust fegen letzten Endes sämtliche Bilder beiseite und nehmen uns sämtliche Masken und Spiele. Wer sind wir, wenn unsere Fassade fällt? Warum macht uns die Vorstellung, uns als die zu zeigen, die wir wirklich sind, so große Angst? Warum ist es so schwer, sich wirklich mitzuteilen?

Sagen Sie ohne Worte: »Ich liebe dich.«
Sagen Sie ohne Worte: »Geh weg!«
Sagen Sie etwas mit Worten und drücken Sie mit Ihrer Körpersprache das Gegenteil aus.

Spielen Sie eine Weile mit diesen Übungen. Es ist sehr wichtig, sich die ständige Diskrepanz in unserer Kommunikation bewusst zu machen. Sie ist ausschlaggebend dafür, wie andere auf uns reagieren. Sie führt dazu, dass wir unserem eigenen Glück im Weg stehen.

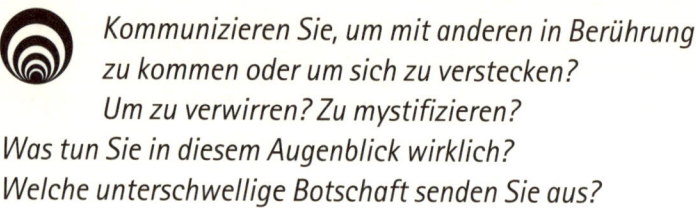

Kommunizieren Sie, um mit anderen in Berührung zu kommen oder um sich zu verstecken?
Um zu verwirren? Zu mystifizieren?
Was tun Sie in diesem Augenblick wirklich?
Welche unterschwellige Botschaft senden Sie aus?

Vielleicht kommunizieren wir, um unsere Gefühle auszudrücken und uns zu entlasten. Vielleicht möchten wir einfach eine Botschaft vermitteln. Es kann auch sein, dass wir etwas ganz Bestimmtes sagen möchten. Vielleicht kommunizieren wir, um andere zu beeinflussen, zu kontrollieren oder bestimmte Reaktionen hervorzurufen. Beispiel: »Du siehst heute Abend so schön aus.« Wie können Sie wissen, was sich hinter dieser Äußerung wirklich verbirgt?

Die wahre Absicht wird hier nicht zwangsläufig durch Worte vermittelt. Ein und dieselben Worte können ganz unterschiedliche Dinge zum Ausdruck bringen. Manche sagen, wir könnten erfahren, was wir beim Kommunizieren wirklich beabsichtigen, indem wir darauf achten, was man uns erwidert.

Suchen Sie sich eine Partnerin oder einen Partner und probieren Sie einmal folgende Formen von Kommunikation mit ihr/ihm aus:
Äußern Sie sich.
Vermitteln Sie eine Botschaft.
Beeinflussen Sie Ihr Gegenüber.
Wie fühlen Sie sich in jedem dieser Fälle?
Wie fühlt sich die Person, der Sie sich mitteilen?
Achten Sie darauf, wie Ihr Gegenüber auf Sie reagiert.

Die Art und Weise, wie wir mit einem anderen Menschen sprechen, ist aufschlussreich für unsere gesamte Beziehung zu ihm. Vielleicht reagiert die Person nicht auf unsere Worte, sondern darauf, wie wir sie sehen. Das heißt, ganz gleich, was wir sagen, wir vermitteln immer, was die andere Person für uns bedeutet, wer sie in unserer Welt ist.

Vielleicht ist uns der andere völlig gleichgültig und wir reden mit ihm, als wäre er für uns ein Ding, jemand, der nur für unsere Zwecke existiert, ohne eigene Gefühle zu haben. Das ist eine höchst unpersönliche Form von Kommunikation, die auch entsprechend vermittelt wird. (Manche mögen genauso unpersönlich sagen: »Ich liebe dich.«)

In einer Situation wie dieser beginnt die so angesprochene Person innerlich zu schrumpfen. Sie fühlt sich herumkommandiert, bevormundet oder sogar an die Wand gedrängt. Im Extremfall kann sie das Gefühl bekommen, dass man ihr die gesamte Lebenskraft absaugt. Diese Form von Kommunikation wirkt zerstörerisch auf Lebendigkeit und Begeisterung. Sie ist weder der Gesundheit noch der Lebensfreude zuträglich. Der so angesprochene Mensch beginnt sich zu fühlen, als sei er überhaupt nicht wichtig. Und die Wahrheit ist, dass er in unserer Welt auch nicht wichtig ist.

Leider machen einige Patientinnen und Patienten diese Erfahrung nicht nur mit dem medizinischen Personal, sondern manchmal auch in der eigenen Familie.

Reden Sie mit einer anderen Person, als wäre sie ein Stuhl und nur dazu da, um Ihren Zwecken zu dienen oder herumkommandiert zu werden?
Jetzt lassen Sie sich einmal darauf ein, dass mit Ihnen so gesprochen wird. Wie fühlt sich das an?
Sagen Sie zu jemandem in diesem Tonfall: »Ich liebe dich.«
Lassen Sie sich diesen Satz dann so kalt und unpersönlich von der anderen Person sagen.
Wie fühlt sich das an?
Wie würden Sie jetzt am liebsten auf Ihr Gegenüber reagieren?

Man kann mit Menschen aber auch anders umgehen. Wir machen uns dabei ganz klar, dass der andere ebenfalls eine Person ist, die ein uneingeschränktes Recht auf ihre eigenen Gefühle hat. Wenn wir einen Menschen so aufnehmen, schaffen wir Raum dafür, dass er uns auf seine ganz eigene einzigartige Art und Weise begegnen kann. Wir können dem anderen erlauben, so zu sein, wie er wirklich ist, und verlangen nicht, dass er lediglich existiert, um unseren eigenen Zwecken zu dienen.

Wenn wir uns in dieser Weise auf Menschen beziehen, können wir tolerieren, dass sie anders sind als wir. Wir können ihnen alle Zeit und allen Raum der Welt lassen, die sie brauchen, um sich auf ihre eigene Art und Weise auszudrücken. Diese Art von Beziehung kann sich zu einem Dialog entwickeln.

Bei der weiter oben erwähnten Form von Beziehung ist keine wirkliche Kommunikation möglich. Wir behandeln den anderen, als sei er lediglich ein Objekt, das unsere Wünsche zu erfüllen hat.

Bei der geschilderten zweiten Form von Beziehung öffnen wir uns für etwas, das anders ist als wir. Dies kann sich gefährlich anfühlen, weil es unberechenbar ist. Vielleicht haben wir das Gefühl, als fände etwas Unkontrollierbares statt. Aber unter diesen Bedingungen besteht die Chance, dass eine wirkliche Begegnung stattfindet.

Die meisten von uns setzen Maßstäbe, welche festlegen, wer und was wir zu sein haben, und die unmöglich zu erfüllen sind. Wenn wir jedoch den Weg wählen, den dieses Buch vorschlägt, fallen falsche Maßstäbe weg. Wir kommen mit der Wahrheit unseres Lebens in Berührung und sind besser imstande, sie zu leben.

Tatsächlich beginnen wir zu begreifen, dass wir anderen Menschen und uns selbst eine wahre Freundin oder ein wahrer Freund sein können.

Wem möchten Sie eine wahre Freundin/ein wahrer Freund sein? Warum?
Was an dieser Person sind Sie bereit zu akzeptieren? Was finden Sie an diesem Menschen nicht akzeptabel?
Und was ist mit Ihnen? Welche Eigenschaften sind Sie bereit an sich selbst zu akzeptieren? Wie sehen die nicht akzeptablen Seiten aus, und wie gehen Sie damit um? Ist Ihr Umgang mit diesen Seiten wirkungsvoll?
Schauen Sie sich an, wie diese nicht akzeptierten Seiten in Ihnen Krieg führen. Ist eine Versöhnung möglich?

Wirkliche Begegnungen

Was ist eine wirkliche Begegnung?
Manchmal sind wir mutig und erlauben dem Leben und den Menschen, denen wir begegnen, einfach so zu sein, wie sie sind. Vielleicht sind wir einen Augenblick lang sogar richtig tapfer und lassen zu, dass unser Herz sich äußert, ohne dass wir uns einmischen.

Unser Herz hat seine eigene Sprache. Die Stimme des Herzens ist immer darauf bedacht, gehört zu werden, auch wenn wir in der Regel versuchen, sie zu dämpfen. Manchmal bricht sie sich einfach Bahn. Dann kann eine wirkliche Begegnung stattfinden.

Was ist eine wirkliche Begegnung? Woran erkennen wir sie? Eine wirkliche Begegnung bringt uns nach Hause in unsere Mitte. Wir irren nicht mehr verwirrt umher. Wir fühlen uns nicht mehr verloren und allein. Unser Gefühl von Entfremdung weicht. Wir sehen, dass wir mit dem anderen wirklich eins sind.

Wirkliche Begegnungen können ganz spontan passieren. Sie können einen flüchtigen Augenblick lang oder eine ganze Weile dauern. Eine solche Begegnung kann zwischen zwei Menschen oder zwischen einem Menschen und dem Himmel stattfinden. Wir können eine wirkliche Begegnung nicht fordern. Aber wir können lernen, sie einzuladen.

Zunächst einmal müssen wir uns anschauen, was für eine wirkliche Begegnung erforderlich ist. Die wichtigsten »Zutaten« sind zwei Menschen, die wahrhaftig sind und die Bereitschaft zeigen, hier in diesem Augenblick zu sein. Das bedeutet, dass jeder der beiden bereit ist, sein Bedürfnis, den anderen zu kontrollieren und ihn für seine eigennützigen Zwecke zu benutzen, für diesen Augenblick loszulassen.

Eine solche Begegnung verlangt von uns auch, dass wir das Bedürfnis nach Selbstbestätigung aufgeben. Wir müssen für diesen Moment vergessen, dass wir in den Augen des anderen gut dastehen oder in irgendeiner Weise wichtig, richtig, wunderbar oder etwas Besonderes sein wollen.

Wir benutzen die Beziehung nicht, um unsere Phantasien zu nähren. Wir sind einfach bereit, in jedem Augenblick präsent zu sein und alles, was geschieht, genauso wie es sein will, geschehen zu lassen. Wir müssen einfach *sein*. Vergessen, dass wir Angst haben oder uns schützen wollen. Vielleicht begreifen wir dann sogar, dass es nichts zu schützen gibt.

Eine solche Begegnung ist enorm befreiend. Wenn sie geschieht, beginnen manche Menschen zu lachen oder sogar zu weinen. Die meisten von uns haben irgendwann einmal eine Kostprobe davon bekommen. Sie ist unser natürliches Geburtsrecht. Wollen wir uns um diese Form des Austausches wirklich bemühen, müssen wir uns bereitmachen und sie einladen. Manche sagen, das wäre in etwa so, als würden wir uns auf die Begegnung mit einem großen und berühmten König vorbereiten.

In seinem Aufsatz »Zwiesprache« beschreibt Martin Buber diese Art von Begegnung sehr schön. Dort begegnen sich zwei Fremde, die sich am frühen Abend auf einem verlassenen Bahnsteig treffen, wo beide auf einen Zug warten. Sie wissen nichts voneinander. Einer von ihnen liest seine Zeitung. Der Zug kommt, und die beiden steigen ein, setzen sich zusammen hin und reden kein Wort. Plötzlich und unerwartet fließt von einer Person zur anderen ein Strom von nonverbaler Kommunikation. In dieser Zeit weiß jeder alles vom anderen. Die beiden fühlen sich einander so nahe wie dem Kern ihres eigenen Selbst. Beide Herzen haben sich geöffnet und gesprochen, obwohl nicht ein einziges Wort gefallen ist.

Buber sagt, es ist, als sei ein Bann gebrochen und die Reserviertheit, die wir meistens bewahren, ist aufgehoben. So wird eine wirkliche Begegnung möglich.

Für Menschen, die krank sind, ist diese Form des Austausches äußerst heilsam und befriedigend. Kranke Menschen sind offener für solche Begegnungen. Da sie sich in einer Krise befinden, haben sie nicht mehr so sehr das Bedürfnis festzuhalten. Ihr Hunger nach Kontakt ist stärker. Vielleicht ist Ihre Zeit begrenzter. Das ist für Sie beide eine ganz besondere Gelegenheit.

Um sich auf diese Art von Begegnung vorzubereiten, müssen wir uns zuerst anschauen, was sich uns dabei in den Weg stellt. Wir müssen uns genau ansehen, wie unsere Meinungen, Bedürfnisse, Urteile, Falschheiten und Absichten unsere tagtägliche Kommunikation stören.

Für diese Übung sind zwei Partner erforderlich: A und B.

Wir wollen uns mit diesem Austausch bewusst machen, was wir tun. Als Erstes kommuniziert A, und Person B achtet darauf, wie sie sich beim Zuhören fühlt. Dann werden die Rollen getauscht. B reagiert bei dieser Übung nicht aktiv, sondern ist einfach aufmerksam. (Am Ende der Übung können Sie darüber sprechen, wie Sie sich gefühlt haben.)

A teilt Person B etwas mit auf eine Weise, als wäre B völlig unwichtig für ihn.

A kommuniziert mit B und verfolgt dabei die Absicht, B für sich einzunehmen.

A teilt B etwas mit, das einen merkwürdigen und verwirrenden Eindruck macht.

A soll einfach da sein mit B. Spüren Sie, was Sie dabei innerlich erleben, was immer es sein mag. Finden Sie dann einen Weg, es mitzuteilen.

Die Rolle von B ist dabei äußerst wichtig. Was brauchen wir, um wirklich zuhören zu können? Was stellt sich uns dabei in den Weg? Person B sollte darauf achten, wie lange sie imstande ist, wirklich zuzuhören.

Es ist schwierig zu kommunizieren, wenn Sie das Gefühl haben, dass niemand Ihnen zuhört oder die andere Person alles verurteilt, was Sie sagen.

Wenn wir zuhören, hören wir oft nicht die andere Person, sondern lediglich unsere Reaktion auf das, was gesagt wird. Manchmal regt unser Gegenüber uns lediglich zu eigenen Phantasien an und diese werden dann zum Hindernis zwischen uns. Stellen Sie sich, wenn Sie jemandem zuhören, einmal folgende Fragen und achten Sie darauf, wie Sie reagieren:

– Hat das, was gesagt wurde, bestimmte Gefühle in Ihnen geweckt? Sind diese Gefühle Ihnen hinderlich geworden?

– Haben Sie die andere Person verurteilt? Sind diese Urteile zum Hindernis zwischen Ihnen geworden?

– Haben Sie das zwanghafte Bedürfnis verspürt, Ihre Meinung zu äußern? (Das hat nichts mit Zuhören zu tun. Das ist Einschüchterung.)

– Wollten Sie Ihr Gegenüber damit beeindrucken, wie still und nachdenklich Sie sein können? (Das ist kein Zuhören, sondern Eindruckschinderei.)

– Können Sie, wenn ein Mensch mit Ihnen spricht, auf das Bedürfnis verzichten, sein Verhalten möge Ihren Vorstellungen entsprechen?

– Ist es Ihnen sogar möglich, diesen Menschen zu lieben, ganz gleich was er sagt?

Die Erfahrung, dass jemand zutiefst aufmerksam lauscht und uns wirklich hört, ist ebenso selten wie wunderbar. Und ebenso selten und wunderbar ist, dass wir wirklich hören, was gesagt wird.

Uns auf eine wirkliche Begegnung vorbereiten heißt, uns auf eine andere Ebene der Kommunikation begeben. Für Menschen, die krank sind, ist diese Ebene besonders heilsam. Manche sprechen von Kommunion im Sinne einer höheren Verbundenheit. Wir kommen in Berührung mit etwas, das größer ist als wir.

In dieser Verbundenheit zu sein heißt, wir sind einfach da, in der Präsenz eines anderen Menschen. Nichts Überflüssiges muss gesagt oder getan werden. Seien Sie stattdessen einfach da mit einer Haltung der Akzeptanz und offen für alles, was von Augenblick zu Augenblick geschehen mag. Das wird für alle Beteiligten zutiefst wohltuend sein. Und nun entsteht Raum für wahre Präsenz und Liebe.

»Ich habe mir von dir immer nur gewünscht, Mutter, dass du mich einfach so erlebst, wie ich bin, und das Gefühl hast, ich sei wunderbar ... Selbst jetzt, genau in diesem Augenblick, wünsche ich mir das immer noch. Kannst du es mir geben?«

Andrea

6 Die Familie mit einbeziehen

Wenn eine Krankheit eintritt, erfasst der Schmerz das gesamte Netzwerk der Familie. Jeder der Beteiligten ist sensibilisiert und hat das Bedürfnis nach mehr Aufmerksamkeit und Fürsorge. Trotzdem wird die Familie oft beiseite geschoben und eher als Ärgernis betrachtet, statt bei der Versorgung der kranken Person als Verbündeter und wertvoller Helfer herangezogen zu werden.

Ärztinnen und Ärzte, Krankenschwestern und Pfleger, Freunde und Geliebte melden ihr Besitzrecht auf den Patienten an. Der kranke Mensch gehört jetzt ihnen. Sie treffen jetzt die Entscheidungen für ihn und folgen dabei ihrem eigenen Gefühl. Vielleicht möchten sie ihn vor Problemen schützen, die sie glauben mit der Familie kommen zu sehen. Die Loyalität gegenüber dem kranken Menschen führt oft dazu, dass Familienmitglieder von ihm fern gehalten werden.

In dieser Situation kann es zu Rivalitäten kommen. Manche der Beteiligten haben vielleicht das Gefühl, dass ihnen der Mensch, den sie lieben, weggenommen wird. Sie glauben, sie als primäre Betreuungsperson des

Patienten würden ersetzt. Die Abhängigkeiten verschieben sich. Das kann viel Angst und Sorge wecken.

Doch der Patient und seine Familie sind unlösbar miteinander verbunden. Wenn Sie einen Teil berühren, spürt der andere es. Die Bedürfnisse, die Gefühle und das Verhalten der Familienangehörigen nehmen unweigerlich Einfluss auf den Verlauf von Krankheit und Genesung des Patienten. Vielleicht wirken sie sich sogar auf seinen Wunsch zu leben aus.

Wir müssen uns der gesamten Konstellation zuwenden. Um dies wirkungsvoll tun zu können, ist es eine wertvolle Hilfe, die Familiendynamik zu verstehen, die da vor sich geht.

Was erleben die einzelnen Familienmitglieder? Manche werden in dieser Situation demütig, weil ihre endlosen Vorwände haltlos sind. Oft empfinden sie nichts als ein nacktes Gefühl von Traurigkeit und frei fließender Angst.

Manchmal wird ein Familienangehöriger aufdringlich und fordernd. Das ist einfach sein Weg, nach jener Hilfe und Unterstützung zu rufen, die er selbst jetzt braucht. Manchmal kann ein Familienmitglied auch anfangen, die unbewussten Gefühle der kranken Person auszudrücken.

»Meine Schwester ist sehr krank. Sie liegt im Sterben. Das ist nicht nur sie. Das bin auch ich. Immer wenn ich sie anschaue, bin auch ich krank und sterbe. Auch ich bin mit all der Angst und dem Schmerz konfrontiert, die sie durchmacht. Bitte, macht euch klar, dass ich ebenfalls Hilfe brauche. Ich habe große Angst und muss gerade jetzt besonders stark sein und besonders viel geben. Ich muss Verständnis für sie haben, ganz gleich, was sie mir erzählt. Ich habe ihr nie so viel Verständnis entgegengebracht wie jetzt. Ich versuche wirklich mein Bestes, aber es gibt niemanden, der für *mich* Verständnis hat.«

Annette

Durch die Krankheit eines Angehörigen kann für manche Familienmitglieder eine äußerst schwierige Situation entstehen. Die große Erwartung steht im Raum, dass die Familie den Patienten so lieben, unterstützen und versorgen wird, wie es ihr bislang nicht möglich war. Alle Aufmerksamkeit wendet sich der kranken Person zu. Sie scheint alle Liebe und Fürsorge zu bekommen. Schon das allein kann schwer zu ertragen sein und sehr viel Eifersucht wecken.

»Mein Bruder kann nicht mehr kommen, um mich zu besuchen. Anfangs kam er immer, aber wo ist er jetzt? Er wandert draußen alleine durch die Straßen. Ich weiß es. Er hat einfach das Gefühl, mir all die Liebe nicht geben zu können. Er leidet selbst zu sehr im Augenblick. Ich wünsche mir einfach, ihn zu sehen, damit ich ihm sagen kann, dass ich ihn verstehe.«

Andrea

Es ist ungewöhnlich, dass eine Patientin so viel Mitgefühl empfindet. Stattdessen fordern kranke Menschen meistens von den anderen Familienmitgliedern, dass diese nur für sie da sein sollen. Nicht nur der Patient hat diese Erwartung, sondern auch die Angehörigen selbst. Es ist unmöglich, sich davon nicht beeinflussen zu lassen.

Aber manche Angehörigen können dieser Forderung vielleicht aus verschiedenen Gründen nicht nachkommen. Möglicherweise hatten sie zu der kranken Person bislang eine schwierige oder ambivalente Beziehung. Und plötzlich sind sie aufgefordert, Liebe zu geben, die sie einfach nicht empfinden. Wenn sie diesen Forderungen nicht nachkommen, haben sie nicht nur Schuldgefühle, sondern riskieren auch, von der übrigen Familie verurteilt zu werden. Es ist sehr wichtig, dass diese Dynamik ans Licht gebracht wird. Wird sie erst einmal gesehen und besprochen, kann der Druck für alle beträchtlich abnehmen.

Schuldgefühle nehmen

Alles, was hilft, die Beteiligten von Schuldgefühlen zu entlasten, ist ein entscheidender Beitrag zur Gesundheit. In Zeiten von Krankheit und Verlust ist Schuld in der Familie ebenso tödlich wie mächtig. Schuld selbst kann als eine Form von tödlicher Krankheit gelten, welche die Qualität unseres Lebens ständig beeinträchtigt.

Leider beruht der Austausch zwischen Familienangehörigen in Zeiten der Krankheit oft weitgehend auf Schuldgefühlen. Man fühlt sich schuldig, weil andere Familienmitglieder gesund sind, während dieser Angehörige krank ist. Manche Angehörige können auch das Gefühl haben, dass der Patient erkrankt ist, weil sie ihn früher nicht genug geliebt oder ihm nicht genug gegeben haben. Frühere Schwierigkeiten in der Beziehung kommen jetzt an die Oberfläche, um gelöst zu werden. Das kann bereits für sich genommen sehr schwierig sein.

Die Schuldgefühle sind nicht einseitig. Auch der kranke Mensch kann sich extrem schuldig fühlen. Vielleicht fühlt er sich hilflos, wertlos und unfähig, auch nur irgendeinen Beitrag zu leisten. Manche Patienten haben das Gefühl, für die Familie eine Last zu sein und äußern den Wunsch, lieber tot sein zu wollen, als so empfinden zu müssen. Begegnungen, die auf Schuld beruhen, gehen unweigerlich in die falsche Richtung. Sie führen niemals zu der Zufriedenheit und dem Trost, die wir wirklich brauchen.

Wenn wir Familienangehörigen (und Patienten) einen Weg eröffnen, ihre Gefühle bewusst wahrzunehmen, zu akzeptieren und zum Ausdruck zu bringen, können wir damit sehr viel Gutes bewirken. Der Patient oder Familienangehörige fühlt sich dann nicht länger so allein. Er begreift, dass diese Gefühle natürlich sind und bewältigt werden können. Das ist bereits für sich genommen sehr heilsam.

Es gibt eine wunderbare Übung, die Familien helfen kann, mit Schuld zurechtzukommen:

 Was haben Sie für die kranke Person noch nicht getan, was Sie Ihrem Gefühl nach tun müssten?
Schreiben Sie es auf. Machen Sie eine Liste.
Schreiben Sie jetzt auf, was der Patient Ihrer Meinung nach gerne von Ihnen hätte.
Was davon würden Sie wirklich gerne tun?

Achten Sie auf die Unterschiede und Ähnlichkeiten der drei Listen.

Fahren Sie jetzt fort. Was von dem, was Sie von dem kranken Menschen gern hätten, hat er noch nicht für Sie getan?
Schreiben Sie es auf. Machen Sie eine Liste.
Können Sie den Patienten oder die Patientin bitten um das, was Sie haben wollen?
Können Sie die kranke Person fragen, wie ihre Bedürfnisse aussehen?
Können Sie für diesen Menschen tun, was getan werden muss?
Was steht dem im Wege? Sind Sie zumindest bereit, es zu versuchen?
Machen Sie auch eine Liste von all den Dingen, die Sie für den Patienten getan haben.
Schreiben Sie alles auf, was die kranke Person für Sie getan hat.

Es ist äußerst bewegend und hilfreich, wenn Sie sich mit dem kranken Menschen zusammensetzen und Ihre Listen besprechen. Unter Tränen und Gelächter werden offene Rechnungen beglichen. Diese Übung eignet sich auch für Patienten, die bestimmten Familienangehörigen gegenüber Schuldgefühle empfinden. Am hilfreichsten ist dabei natürlich, dass wir über all diese Themen offen miteinander sprechen. Das kann enorm erleichternd sein und uns das Gefühl schenken, dass wir noch einmal neu beginnen können.

Menschen, die diese Übung gemacht haben, ist anschließend oft aufgefallen, dass es ihnen jetzt viel leichter fällt zu tun, was getan werden muss, und loszulassen, was sie nicht tun können. Oft stellen sie überrascht fest, dass der Patient diese Dinge ohnehin nicht wollte.

Ärger achtsam zum Ausdruck bringen

Während manche Menschen vor allem Schuldgefühle empfinden, können andere Wut und Groll verspüren. Tatsächlich kann die Krankheit der Patientin zu großen Teilen auf diesem Groll beruhen oder von ihm forciert werden – oder auch von der Unfähigkeit des kranken Menschen, diese Gefühle direkt zu äußern.

In Zeiten von Krankheit kommt vieles von dem unbewältigten Ärger und der Feindseligkeit in der Familie ans Tageslicht. In solch einer Situation können Familienangehörige Angst vor der Krankheit bekommen. Vielleicht haben sie sogar das Gefühl, den kranken Menschen auf irgendeine Weise verletzt und damit seinen Schmerz verursacht zu haben.

Wenn das der Fall ist, haben Angehörige in Wirklichkeit Angst vor ihrem eigenen Ärger, auch wenn sie diesen gar nicht bewusst wahrnehmen. Diese Menschen können sich überfürsorglich gebärden und sich über jede Kleinigkeit Gedanken machen. Sie bleiben ohne Pause im Krankenhaus. Sie lassen die kranke Person nicht allein. Hier kann ein beträchtliches Maß an Überkompensation im Spiel sein.

Wir finden es nicht akzeptabel, einem kranken Menschen gegenüber Gefühle von Ärger oder persönlicher Verletzung zu äußern. Wir haben das Gefühl, dass der Patient bereits genug leidet und nicht noch mehr verkraften kann. Tatsächlich aber kann ein klares, aufrichtiges Mitteilen unserer Gefühle bewirken, dass der Patient sich in vieler Hinsicht erleichtert und beruhigt fühlt.

Familien reagieren oft, indem sie ihre Gefühle unter Verschluss halten und versuchen zu verbergen, wie aufgebracht sie sind. Langfristig ist das schädlich. Die Beziehung zu dem kranken Menschen wird dadurch immer unechter und der Abstand zu ihm immer größer. Die Patientin oder der Patient spürt, was geschieht, und beginnt, sich allein gelassen zu fühlen.

Es ist gesund, Ärger und Groll zuzulassen, zu bejahen und achtsam zum Ausdruck zu bringen. Es ist nicht nötig, zu toben und zu schreien; es reicht, wenn wir klar, behutsam und aufrichtig mitteilen, was wir empfinden. Wir können unsere persönlichen Reaktionen äußern, ohne Vorwürfe zu verteilen. Es ist nicht klug zu sagen: »Du hast mir das angetan. Du bist gemein.« Diese Art von Kommunikation ist schädlich.

Teilen Sie einfach mit, was Sie im Augenblick empfinden. Sagen Sie: »So fühle ich im Augenblick. Das denke ich gerade.« So übernehmen Sie Verantwortung für Ihre Gefühle und Gedanken, ohne dem anderen nahe zu legen, er habe Ihre Empfindungen verursacht. Niemand ist verantwortlich für das, was Sie fühlen. Die Dinge geschehen nun einmal in dieser Welt, und Sie können ganz unterschiedlich damit umgehen. Sie sind nicht zwangsläufig verantwortlich für das, was passiert, wohl aber dafür, wie Sie darauf reagieren; und wie Sie beschließen, damit umzugehen.

Vorwürfe fallen lassen

Familienmitglieder (vor allem Kinder) müssen darin unterstützt werden zu begreifen, dass ihre Gefühle ihren kranken Angehörigen nicht verletzt haben. Die Krankheit der anderen Person ist niemals durch sie verursacht worden.

Meistens fühlen wir uns gegenseitig verantwortlich für unseren Schmerz. Folgende Gedanken bekommen wir immer wieder zu hören: »Wenn wir doch nur den Arzt gewechselt hätten, wäre das bestimmt nicht passiert. Er hat sich einfach nicht genug Mühe gegeben. Ich wusste es die ganze Zeit, aber ich hatte Angst, mich gegen ihn aufzulehnen. Wir haben alle versagt. So einfach ist das.«

Familienangehörige, Freunde und Geliebte, die sehr viel uneingestandenen Ärger und Selbstvorwürfe mit sich herumtragen, projizieren diese Gefühle oft auf das medizinische Personal. Ständig finden sie an den Menschen, die den Patienten ärztlich versorgen, etwas auszusetzen und schaffen damit eine schwierige Atmosphäre. Wir müssen diesen Menschen helfen, sich ihre eigenen Gefühle einzugestehen und sie zu akzeptieren.

Wenn wir ihnen einfach sagen, dass man ihnen für das, was passiert, keine Vorwürfe machen kann, sind wir ihnen eine große Hilfe. Es ist überraschend, wie beruhigend das auf sie wirken kann. Natürlich müssen wir dies nicht ständig neu versichern, sondern eine einfache Äußerung wie die folgende kann Wunder wirken: »Du machst dir bestimmt große Sorgen um deinen Bruder/deinen Freund. Vielleicht hast du das Gefühl, nicht

alles getan zu haben, was in deiner Macht stand? Oder
du bist ärgerlich auf dich. Das ist völlig normal. Aber
das alles ist nicht dein Fehler.«

Manchmal ermöglichen Sie Menschen mit solchen
Äußerungen, Ihnen noch weitere Gefühle zu eröffnen.
Wenn Sie einfach nur zuhören und diese Gefühle akzeptieren, unterstützen Sie sie darin, sich von Selbstvor-
würfen und Schuldgefühlen zu befreien. Es ist nicht
notwendig, Ratschläge zu geben. Wenn Menschen einfach nur erleben, wie andere sie akzeptieren, hilft ihnen
das, viel Spannung loszuwerden.

Menschen machen sich so häufig Vorwürfe, dass
wir dieses Phänomen gründlich erforschen müssen. Oft
steigern sich die Vorwürfe zu nagender Schuld, die über
Jahre hinweg bestehen bleibt. Dieses tief greifende Gefühl, nicht genug getan zu haben, einen geliebten Menschen nicht gerettet haben zu können, führt beispielsweise dazu, dass viele Witwen innerhalb eines Jahres
nach dem Tod ihres Ehemannes sterben. Es kann Menschen sogar zu größeren, unnötigen Operationen ver-
anlassen. Vielleicht haben wir das Gefühl, kein glückli-
ches Leben zu verdienen, weil der Mensch, den wir lieben, gegangen ist. Die Schuldgefühle nach dessen Tod
sind einfach überwältigend.

Wenn ein Kind in der Familie stirbt, machen die El-
tern sich häufig gegenseitig Vorwürfe. Alle Situationen,
in denen sie ihr Kind nicht genügend geliebt haben, stehen ihnen jetzt vor Augen und scheinen ihnen die Rech-
nung zu präsentieren. »Nachdem Tommy gegangen
war, konnte ich meinem Mann einfach nicht ins Gesicht
sehen. Ich hatte immer noch das Gefühl, dass er mir

Vorwürfe machte und dachte, wenn ich nur eine bessere Mutter gewesen wäre, geduldiger und liebevoller, dann wäre dies niemals geschehen. Ich fragte mich immerzu, ob er dachte, dass Tommy vielleicht habe sterben wollen. Keiner von uns konnte sich von dem trennen, was von Tommys Fahrrad übrig geblieben war. Und obwohl die anderen Kinder es dringend gebraucht hätten, dass unsere Familie zusammenbleibt, trennten mein Mann und ich uns in diesem Jahr. Wir konnten es einfach nicht ertragen.«

Vorwürfe verlangen danach, dass wir sie als Paradebeispiel für unser mangelndes Begreifen von Verlusten und unser fehlgeleitetes Verantwortungsgefühl erforschen und verstehen lernen.

Familien müssen erkennen, dass sie das Leben, die Krankheit oder die Genesung des Patienten nicht in der Hand haben. Wie intensiv sie sich auch um die kranke Person kümmern mögen – letzten Endes muss jeder Mensch seine eigene Antwort finden.

Manipulation und Kontrolle

Unausgedrückter Ärger, den wir uns nicht eingestehen, obwohl er in uns brodeln mag, kann sich in Form von Manipulation und Kontrolle äußern.

Niemand hat so viel Macht wie ein Kranker. Je leidender und schwächer wir sind, desto stärker können wir in jenen Menschen, die uns umgeben, Gefühle von Schuld und Verpflichtung wachrufen. Wir können ihnen das Gefühl vermitteln, sie müssten ihre eigenen

Empfindungen in Schach halten. Das kann zur enormen Falle werden. Und weil diese Mechanismen so verdeckt und subtil ablaufen und manchmal lange nicht erkannt werden, ist es äußerst schwierig, sich damit auseinander zu setzen. Sie werden aber in jedem Fall wahrgenommen und wirken vorsätzlich, ob uns das bewusst ist oder nicht.

Manche Patientinnen oder Patienten benutzen ihre Krankheit, um zu bekommen, was sie wollen. Krank zu sein wird für sie zur plötzlichen Gelegenheit, alle möglichen Ansprüche an andere zu stellen, zu denen sie bislang nicht berechtigt waren. Dieses dominierende Verhalten kann so extreme Formen annehmen, dass Familienangehörige sich davor schützen müssen. Vielleicht war ein Mensch sehr lange Zeit bedürftig und hungrig. Und plötzlich gibt seine Krankheit ihm das Recht, damit nicht mehr hinter dem Berg zu halten. Dann können sich die Familienangehörigen von den Ansprüchen dieses bedürftigen Menschen völlig überfordert fühlen.

Manche Menschen verschaffen sich auf diesem Wege über ihre Krankheit so viele Vorteile und Annehmlichkeiten, dass sie unbewusst den Entschluss fassen, nicht wieder gesund zu werden. Warum auch? Was bringt ihnen das denn?

Manche Menschen werden krank, um etwas »zurückzubekommen« und es einem Familienangehörigen »heimzuzahlen«. Vielleicht bringen sie indirekt zum Ausdruck: »Jetzt musst du dich um mich kümmern, ob dir das gefällt oder nicht. Du hast mich bislang nicht geliebt. Jetzt musst du mich einfach lieben.« Der Preis, der für diese Form von Liebe bezahlt wird, besteht in

Krankheit und Schmerz. Manche zahlen ihn bereitwillig. Unbewusst betteln sie: »Ich bleibe hilflos und schwach, wenn du mir nur deine Liebe gibst.«

Nur wenige Familienangehörige sind stark genug, um sich dieser Tyrannei nicht zu beugen. Die meisten fühlen sich in die Enge getrieben und beginnen sich zu fügen. In Wirklichkeit geraten sie aber nicht in die Falle der kranken Person, sondern in die ihrer eigenen Gefühle von Schuld und Angst.

In solchen Situationen wird alles nur noch schlimmer, wenn man den Forderungen des Patienten nachkommt. Wenn wir geben, weil wir uns dazu gezwungen fühlen, wachsen die Bedürfnisse der Person, der wir uns zuwenden, und scheinen unersättlich zu werden. Während der kranke Mensch ständig bedürftiger wird, wächst unser Gefühl von Unzulänglichkeit. Nichts, was wir geben, ist jemals genug. Und je mehr wir auf diese Weise geben, desto unglücklicher werden wir alle.

Auch Familienangehörige können anfangen, die Krankheit des Patienten zu genießen. Passen Sie gut auf. Werden Sie achtsam. Vielleicht kommen gesunde Familienangehörige sich jetzt, wo sie einen Kranken versorgen, ziemlich wichtig und nützlich vor. Plötzlich fühlen sie sich gebraucht, wo sie sich vorher nutzlos vorkamen.

Was stünde Ihnen, wenn Sie krank würden, Ihrem Gefühl nach zu, worauf Sie jetzt kein Recht haben? Was wären Sie bereit, anderen aufgrund ihrer Krankheit zu geben, das Sie ihnen normalerweise nicht geben würden?

*Schreiben Sie die Antworten auf und seien Sie dabei so
präzise wie möglich.*

Manchmal genießen Familienangehörige das Gefühl,
stärker zu sein als die kranke Person. Endlich haben sie
eine Macht über den Patienten, die ihnen vorher nicht
zugänglich war. Krankheit kann Familienmitgliedern
sogar ein Gefühl von Sicherheit vermitteln. Man weiß
jetzt, dass die Patientin oder der Patient nicht fortgehen
wird.

Aus diesen unterschiedlichen Gründen können Familienangehörige unterschwellig befürchten, dass der
oder die Kranke genesen wird. Diese Dynamiken müssen gründlich erforscht werden. Wie können wir uns
aus den Verstrickungen, in die wir geraten, befreien?
Wie können wir wissen, was vernünftig ist, welche
Form des Gebens gesund ist und welche nicht? Woran
erkennen wir, wie viel wir angenehm und entspannt geben können? Und wie können wir lernen zu sagen: *Genug?*

Aus Verstrickungen befreien

Um uns aus Verstrickungen befreien zu können,
müssen wir zunächst einmal verstehen, dass *ein Geben
auf unsere eigenen Kosten,* ein Geben, unter dem wir
leiden oder der Mensch, dem wir geben, leidet, wahrscheinlich kein wirkliches Geben ist. Letzten Endes
wird es sich als Fehlschlag erweisen. Denn wenn wir aus
Angst, Traurigkeit, Pflichtgefühl oder Verzweiflung geben (oder man uns aus entsprechenden Gründen gibt),

dann enthält das Geschenk genau das – Angst, Traurigkeit, Pflichtgefühl, Verzweiflung.

Wir können einem anderen Menschen nur geben, was wir selbst wirklich sind. Der Rest ist überflüssig. Wir können immer nur uns selbst geben. Wenn wir uns erschöpft und mit einem Gefühl von Verpflichtung ans Krankenbett setzen, dann geben wir genau das. Wenn es Ihnen jedoch leicht fällt, »nein« zu sagen, wenn Sie Ihren eigenen inneren Rhythmus und Ihr eigenes inneres Gleichgewicht finden und selbst entscheiden, was Sie geben können, ohne sich dabei zu verausgaben, dann entsteht dieser Groll erst gar nicht.

Ist diese Voraussetzung erfüllt, dann können Sie freudig geben, was Sie zu geben haben. Sie werden sich wunderbar dabei fühlen. Wenn die Person mehr will, dann sind Sie innerlich so klar, das abzulehnen.

Wem haben Sie erst kürzlich eine Bitte verweigert? Wie fühlten Sie sich dabei? Wann haben Sie vor, das wieder zu tun? Weil die meisten von uns nicht nein sagen können, werden wir ärgerlich auf Menschen, die etwas von uns wollen. Wir haben das Gefühl, alles geben zu müssen, was man von uns verlangt, ganz gleich, was wir zu geben haben und wie abwegig die Forderung ist.

Werfen Sie zunächst einen Blick auf sich selbst. Was glauben Sie anderen geben zu müssen? (Wählen Sie einen wichtigen Menschen in Ihrem Leben. Dann eine Person, die Ihnen nicht so nahe steht.)
Wo liegt Ihre absolute Grenze?
Was würden Sie für einen anderen Menschen auf keinen Fall tun oder aufgeben?

Wie fällt Ihnen Geben am leichtesten?
Welche Art und Weise zu geben erfüllt Sie?
Welche Art und Weise zu geben macht Sie krank?
Versuchen Sie, sich an Beispielsituationen zu erinnern.
Was geben Sie am allerliebsten?
Schreiben Sie all das auf und teilen Sie es einem anderen
Menschen mit.

Wenn Sie jetzt einen Schritt weitergehen, brauchen Sie eine
Partnerin oder einen Partner. Eine Person ist A, die andere B.
A bittet B um etwas.
B, können Sie es A geben? Wollen Sie es geben?
A bittet B um mehr. Und mehr. Und mehr.
A, schauen Sie sich an, um wie viel Sie bitten können und wie
viel zu empfangen Sie sich berechtigt fühlen.
B, schauen Sie sich an, wie viel Sie geben können und
wollen.
B, wann können Sie nein sagen? Und wie fühlen Sie sich,
wenn Sie nein sagen?

Als Nächstes tauschen Sie die Rollen. Teilen Sie sich dann
gegenseitig mit, was Sie empfunden und was Sie über sich
selbst erfahren haben.

Es ist wichtig, uns anzuschauen, was uns zum Geben
bewegt. Manchmal haben wir unsere eigenen Phantasien und Gefühle, wenn es um die Frage geht, was der
Patient durchmacht. Vielleicht geben wir einem anderen Menschen, um unsere eigenen Ängste zu be-
schwichtigen. Möglicherweise hat unser Geben überhaupt keinen Bezug zu dem, was der andere braucht

oder nicht braucht. Bitte, nehmen Sie sich etwas Zeit, um diesen Fragen nachzugehen.

 Stellen Sie sich vor, was der Patient jetzt durch-macht. Versetzen Sie sich in seine Lage und stellen Sie sich vor, wie es sich anfühlt, in seiner Haut zu stecken.
Was glauben Sie wird dieser Mensch erleben?
Schreiben Sie es auf, zeichnen Sie es und sprechen Sie darüber.
Fragen Sie diese Person jetzt nach ihrer Erfahrung. Wie stimmt das, was Sie hören, mit Ihren Phantasien überein?

Manchmal identifizieren wir uns so stark mit einem Mitglied unserer Familie, dass wir dessen Reaktionen und Bedürfnisse und unsere eigenen Reaktionen und Bedürfnisse nicht mehr auseinander halten können. Vielleicht haben wir überhaupt keine reale Vorstellung davon, was die andere Person will, und wir können nicht sehen, dass dieser Mensch wirklich anders ist als wir. (Manche sehen noch nicht einmal deutlich, dass sie und der andere zwei verschiedene Menschen sind.)

In diesem Fall ist es gut, sich die Frage zu stellen, wie die einzelnen Familienmitglieder sich voneinander unterscheiden. Das gibt allen Raum, sie selbst zu sein und ihre eigenen individuellen Bedürfnisse und Reaktionen zu entfalten.

Viele von uns sind eifrig damit beschäftigt, anderen zu geben, was wir selbst am liebsten bekommen würden. Uns selbst können wir es zwar nicht geben, wohl aber dem anderen. Und dann warten wir darauf, es von ihm zurückzubekommen. Es kann sein, dass wir lange warten müssen.

Wenn wir uns selbst etwas geben können, ist es sehr viel leichter, auch anderen etwas zu geben und dabei innerlich klar zu sein. Es ist schwer zu geben, wenn wir uns innerlich leer fühlen. Wenn wir geben und uns dabei leer fühlen, kann die andere Person das Gefühl haben, uns auszubeuten. Und in gewisser Weise mag das auch stimmen.

Gegenseitig Raum zum Wachsen geben

Wenn wir mit einem kranken Menschen zusammen sind, geben wir ihm mehr als *unsere* Präsenz – wir geben ihm auch *seine* Präsenz. Wenn wir jemanden als krank, schwach und hilflos betrachten, beginnt diese Person sich in unserer Gegenwart genauso zu fühlen. Je kränker uns der andere vorkommt, je schlechter fühlt er sich. Es ist, als würden wir unsere Wahrnehmung und unser Bild von ihm auf ihn übertragen.

Einem kranken Menschen fällt es schwerer, gesund zu werden, wenn die Menschen in seiner Umgebung ihn bedrückt und voller Befürchtungen betrachten. Wenn wir vor allem die Seite in ihm ansprechen, die krank ist und Schmerzen hat, können wir sogar seine Genesung behindern. Vielleicht ignorieren wir das an ihm, was gesund und stark ist.

Halten Sie einen Augenblick inne und versuchen Sie, die Schönheit des Menschen zu sehen, mit dem Sie gerade zusammen sind. Konzentrieren Sie sich auf seine guten Eigenschaften und auf das Schöne an ihm. Beobachten Sie jetzt, wie er auf Sie reagiert.

Je mehr Aufmerksamkeit Sie einem Aspekt schenken, desto mehr blüht er unter Ihren Augen auf. Wenn es Patienten allmählich besser geht, dann oft deshalb, weil Sie in Kontakt mit ihrem natürlichen Wunsch kommen, zu leben und aufzublühen. So wie der Saft in den Bäumen, kann diese heilende Kraft in uns allen aufsteigen.

Wenn Sie sich dem zuwenden, was Leben spendet, fördern Sie das Wachstum der Heilungskräfte.

Wir müssen uns stets bewusst machen, an welchem Bild von einer bestimmten Person wir festhalten, vor allem, wenn diese krank ist. Ihre Sicht des anderen teilt sich diesem unweigerlich mit, ob Sie das wollen oder nicht. Betrachten Sie den Patienten mit Widerwillen oder Mitleid? Das muss ihn zwangsläufig schwächen. Können Sie diesen Menschen mit Augen voller Kraft und Liebe anschauen? Die Entscheidung, wie Sie ihn wahrnehmen wollen, liegt bei Ihnen. Sie können beschließen, seinen Mut, seine Lebendigkeit und seine Liebesfähigkeit zu sehen, statt sich auf seine Schwachpunkte zu konzentrieren.

Die Art und Weise, wie Sie eine andere Person zu betrachten beschließen, wirkt sich unweigerlich auch auf Ihre eigene Selbstwahrnehmung aus.

Schreiben Sie auf, wie Sie die Patientin oder den Patienten sehen.

Machen Sie eine Liste mit sämtlichen Adjektiven, die Ihnen in den Sinn kommen. Konzentrieren Sie sich auf die Schwächen oder auf die Stärken dieser Person?

Überlegen Sie sich fünf Eigenschaften, die Sie an dem kranken Menschen, genauso wie er jetzt ist, schön finden. Schreiben Sie sie auf. Teilen Sie sie ihm mit.

Überlegen Sie sich, welche fünf Eigenschaften Sie an sich selbst, genauso wie Sie im Augenblick sind, schön finden. Schreiben Sie sie auf. Teilen Sie sie Ihrem Freund oder Ihrer Freundin mit.

Finden Sie fünf positive Dinge an der Situation, in der Sie sich beide im Augenblick befinden. Schreiben Sie sie auf. Und teilen Sie sich auch diese mit.

Mit den Augen der Liebe sehen

Mit den Augen der Liebe sehen bedeutet, sich auf die vorhandenen Stärken zu beziehen. Damit bekräftigen und fördern wir positive Eigenschaften und setzen sie frei. Anderen mit Liebe begegnen heißt, ihre Entscheidungen zu respektieren. Abhängigkeit hält einen Menschen in zu großer Nähe und führt in vielerlei Hinsicht zu Schwäche. Es gibt eine Zeit, da wird Entwöhnung notwendig, die des Kindes von der Mutter und die der Mutter vom Kind.

Eine gute Möglichkeit, um herauszufinden, ob wir andere mit den Augen der Liebe betrachten und sie ermutigen, zu leben und sich gut zu fühlen, besteht darin zu überprüfen, wie sich unser Verhalten auf sie auswirkt. Blühen Menschen in unserer Gegenwart ein wenig auf?

Wichtig ist auch, sich immer wieder zu fragen, ob wir anderen geben, um sie zu halten oder um ihnen beim Wachsen zu helfen. Wenn wir einen Menschen wirklich lieben, fühlen auch wir uns geliebt und ganz. Der andere muss nichts Besonderes tun, um unsere Liebe zu bekommen und zu verdienen. Wir lieben und respektieren diesen Menschen einfach deswegen, weil er existiert.

 Bitte halten Sie einen Moment inne und werfen Sie einen Blick auf sich selbst.
Was gibt Ihnen am stärksten das Gefühl, geliebt zu werden?
Wann fühlen Sie sich ungeliebt und ignoriert?
Was hilft Ihnen, sich wirklich stark zu fühlen?

»Wahre Liebe hinterlässt keine Spuren Sie berührt und zieht weiter wie ein Engel!«
Eshin

Wenn unsere Liebe wirklich tief geht, hilft sie anderen, sich selbst zu lieben und zu schätzen. Und das ist letzten Endes der beste Weg, das Leben einzuladen und sich wohl zu fühlen.

7 Die hohe Kunst des Auseinandergehens

Abschied nehmen

In einem absoluten Sinn betrachtet, gibt es keine Trennung. Und trotzdem begegnen wir uns, berühren uns und müssen auseinander gehen. Und dann leiden wir sehr und haben das Gefühl, dass die Menschen, die wir lieben, uns verlassen und wir letzten Endes allein sind. Tief in uns beginnen die Saiten der Verlassenheit zu schwingen.

Wenn wir das erleben, empfinden wir wahrscheinlich großen Kummer und sind traurig. Manchmal ist der Kummer so überwältigend, dass es schwer ist, weiterzumachen und in der Liebe einen neuen Versuch zu wagen.

Wenn wir mit einem geliebten Menschen zusammen sind, der sehr krank ist, sehen wir nur, was wir verlieren. Vielleicht sind wir noch nicht imstande, das zu sehen, was unzerstörbar ist. Die Angst kann uns überwältigen. Wir fürchten uns vor Nähe und können sogar denken: »Wie kann ich es ertragen, dich zu lieben, wenn ich doch weiß, dass du von mir gehen könntest?«

Wir haben Angst, den anderen wirklich zu berühren, und wir empfinden Nähe als höchst gefährlich.

Wir errichten so viele Schutzwälle. Aber wenn wir unser Leben hinter diesen Wänden verbringen, sind wir einsam und traurig; wenn dann der Abschied kommt, trifft er uns noch härter. Wir hatten die Chance, uns nahe zu kommen, und haben sie verpasst.

»Ich hatte immer Angst vor meinem Vater, Angst davor zu erfahren, wer er wirklich war. Ich traute mich nicht, ihm zu zeigen, was ich wirklich fühlte und wie sehr er mir am Herzen lag. Dann, eines Tages, war er gegangen, und plötzlich begann ich all die Liebe für ihn zu spüren, die ich niemals zum Ausdruck gebracht hatte. Vielleicht war das der sicherere Weg. Vielleicht war es leichter, ihn zu lieben, als er nicht mehr da war. Es ist leichter, eine Erinnerung zu lieben als einen ganz realen Menschen aus Fleisch und Blut.«

Man könnte sagen, dass wir den größten Teil unseres Lebens damit verbringen, vor der Liebe zu fliehen und sie zurückzuhalten. Wir warten auf den perfekten Augenblick, den perfekten Menschen oder darauf, dass der andere in der Liebe den ersten Schritt auf uns zu tut. Es gibt keinen perfekten Augenblick. Dies ist der perfekte Augenblick. Jeder Moment ist perfekt, und jeder Mensch ist der perfekte. Die Frage ist einfach, ob Sie bereit sind zu lieben oder nicht.

Wenn der Mensch, den wir lieben, krank ist, mag es uns zu spät erscheinen, uns mitzuteilen. Vielleicht sind wir es auch gar nicht gewohnt, uns zu zeigen. Wir können sogar Angst haben vor dem Unvermeidlichen, dass wir nämlich Abschied nehmen müssen. Aber solange wir von einem Menschen nicht Abschied nehmen und uns wirklich von ihm trennen können, sind wir nicht imstande, das Wagnis einzugehen, ihn rückhaltlos zu lieben. Die Drohung des Abschieds steht ständig zwischen uns.

Meistens hängen wir also in der Mitte fest. Wir klammern uns an diese Person, als sei sie unser Leben, und halten zugleich vieles zurück, was wir fühlen und was wir sagen möchten.

Wenn wir lernen, vorbehaltlos mit einem anderen Menschen zusammen zu sein, wird das Auseinandergehen einfacher, natürlicher. Wir lernen, ganz zu werden. Nur wenn wir ständig alles zurückhalten und unsere Zeit mit dem anderen nicht ausgekostet haben, können wir es nicht ertragen, ihn loszulassen. Diesem Widerstreben, uns der anderen Person vorbehaltlos zu öffnen, liegt Angst zugrunde, die aus Kummer geboren wurde.

> Als wir auseinander gingen,
> glaubte ich, der Herbst
> würde mich auflösen
> bis zur Gänze.
> Selbst die alten Krähen
> draußen vor meinem Fenster
> flogen aufs Geratewohl davon.
>
> *Eshin*

Unsere Beziehungen zum Abschluss bringen

Um wirklich Abschied nehmen zu können, müssen wir miteinander zum Abschluss kommen. Das bedeutet, wir müssen das Gefühl haben, mit dem anderen

Menschen all das getan und erlebt zu haben, was für uns da war.

Wir müssen zulassen, dass die andere Person wirklich erfährt, wer wir sind. Und auch wir müssen wirklich erfahren, wer sie ist. Dann ist die Beziehung erfüllt. Wir waren der Mensch, der wir sein wollten. Auch wenn wir die Person vermissen mögen, werden wir sie nicht so tief betrauern. Sie ist jetzt Teil von uns geworden; wir haben etwas Lebendiges integriert.

Zunächst mag uns die Vorstellung, die Beziehung zu einem Menschen, der krank ist, zum Abschluss zu bringen, zu viel Angst machen oder als Überforderung scheinen. Wir wissen nicht, wo wir anfangen sollen. Wir fragen uns besorgt, wie der andere reagieren wird. Vielleicht empfinden wir das alles auch als sinnlos und glauben, dass sich nichts wirklich ändern wird, ganz gleich, was wir sagen oder tun. Der andere hört uns nicht. Es ist zu spät.

Aber es ist niemals zu spät, um eine Beziehung zum Abschluss zu bringen. Nur ein einziger Moment, in dem wir präsent und aufrichtig sind – und viel Schmerz aus der Vergangenheit beginnt sich aufzulösen. Wir haben in jedem Augenblick Gelegenheit, der Mensch zu sein, der wir immer sein wollten.

Es ist nicht wichtig, ob die andere Person Sie hört oder nicht. Ihre eigene Aufrichtigkeit befreit Sie von dem Gefühl von Schmerz und Sinnlosigkeit, ganz gleich, wie der andere darauf antwortet. Sie haben getan, was getan werden musste. Und Sie werden sich anders fühlen, ganz gleich, wie der andere reagiert. Und deswegen wird auch der andere Mensch sich auf subtile

Weise anders fühlen. Wenn Sie sich einem geliebten Menschen gegenüber so verhalten können, bevor er stirbt, wird der Prozess des Trauerns für Sie ganz anders verlaufen.

Wo anfangen?

Beginnen Sie einfach, indem Sie dem anderen Menschen sagen, was er Ihnen bedeutet und was er Ihnen in Ihrem Leben gegeben hat. Erzählen Sie ihm, was Sie von ihm wollten. Finden Sie heraus, was gut war, und sprechen Sie auch über die Probleme.

So zu tun, als würden negative Gedanken und Gefühle nicht existieren, ist nie besonders hilfreich. Wichtig ist die Art und Weise, wie Sie diese Empfindungen zum Ausdruck bringen. Dies ist nicht der richtige Zeitpunkt für harte Worte oder Vorwürfe. Können Sie Ihren Schmerz und Ihre Enttäuschung verantwortungsbewusst äußern? Nicht, indem Sie der anderen Person Vorwürfe machen, sondern indem Sie einfach sagen, wie Sie sich fühlen?

Wenn negative Gefühle und Erfahrungen ruhig ans Licht gebracht, mitgeteilt und verstanden werden, können wir mit ihnen abschließen und es entsteht viel mehr Raum für unsere Liebe. Dann können wir auch sehen, dass Ärger und Enttäuschung lediglich die andere Seite der Liebe sind. Sie können das eine nicht ohne das andere haben.

»Eve war seit drei Monaten sehr krank. Jeden Morgen, wenn ich aufwachte, hatte ich Angst vor dem neuen Tag. Mein ganzer Ärger stand wie eine riesige Mauer zwischen uns. Aber ich war schon seit langer Zeit auf Eve ärgerlich, und jetzt, wo sie so krank war, hatte ich entsetzliche Angst davor, was ich ihr antun könnte.

Schließlich setzte ich mich eines Tages an ihr Bett und weinte einfach los. Ich wusste, dass ihr das Angst machte, aber ich sagte zu ihr: › Es tut mir Leid, Eve, aber ich bin so wütend auf dich. Und ich habe auch Angst. Oh Gott, und was ich für Angst habe.‹

Zu meinem Erstaunen und meiner Erleichterung begann sie ebenfalls zu weinen. Es fühlte sich so gut an, dass wir beide einen Augenblick lang wirklich ehrlich miteinander waren. Dann nahm ich sie in die Arme und hielt sie. Zum ersten Mal konnte ich sie richtig umarmen und ihr sagen, wie viel sie mir bedeutete.«

Frau Aubin, Mutter eines sterbenden Kindes

Jemandem zu erzählen, dass wir ärgerlich sind oder Angst um ihn haben, ist bereits für sich ein wirklicher Akt der Liebe und Wertschätzung. Dieser Mensch weiß sowieso, was wir empfinden. Es ist unmöglich, nicht berührt zu sein, wenn jemand uns aufrichtig begegnet, ohne schroff zu sein. Es ist unmöglich, sich dann nicht geliebt zu fühlen.

Unsere Falschheit und unsere Lügen werden dagegen oft als Rückzug erlebt. Dieser Rückzug trägt bereits als solcher viel zu dem Schmerz und der Einsamkeit bei, die wir empfinden. Wir glauben, uns gegenseitig zu schützen, indem wir bestimmte Spiele spielen, aber die

Betäubtheit, die wir damit erzeugen, ist der schlimmste Schmerz überhaupt.

»Das Schlimmste ist, hier zu liegen und zu erleben, wie sie alle rein und raus rennen und dir Platitüden sagen, die überhaupt nichts bedeuten. Für sie machen diese Plattheiten auch keinen Sinn. Am liebsten möchte ich schreien: › Habt doch ein Herz! Ich habe Gefühle!‹ Ich möchte, dass jemand zu mir kommt und mir sagt, was er wirklich empfindet.«

Peter, ein 27 Jahre alter Mann mit einem chronischen Herzleiden

Wir werden im Folgenden eine Übung machen, um Erfahrungen damit zu sammeln und besser zu verstehen, was es heißt, in einer Beziehung aufrichtig zu sein und sich ganz zu geben. Wenn Sie diese Übung machen, können alte Gefühle von Traurigkeit, Versagen oder Ärger hochkommen. Haben Sie keine Angst davor. Erlauben Sie diesen Gefühlen, hochzukommen und lassen Sie sie wieder gehen. Diese Übung ist nicht nur wertvoll für den Umgang mit Kranken, sondern mit sämtlichen Menschen in unserem Leben.

Lassen Sie sich von einer Freundin oder einem Freund folgende Anweisungen vorlesen:
Schließe deine Augen, entspanne dich und mache es dir bequem. Du bist jetzt an einem wunderschönen Ort. Male ihn dir aus. An diesem Ort fühlst du dich wohl und sicher und zu Hause. Stelle dir jetzt vor deinem inneren Auge einen Menschen vor, den du liebst und der krank ist. Hole ihn jetzt zu dir. Denke zurück an eure gemeinsame Zeit.

Was möchtest du diesem Menschen mitteilen? Kannst du es ihm jetzt sagen?

Lasse ihn jetzt darauf antworten. Was möchte die Person dir erwidern?

Was ist die schönste Erinnerung an eure gemeinsame Zeit? Sage es ihm. Was würdest du gerne ändern? Was möchtest du immer noch von diesem Menschen? Was gibt es für dich noch zu tun?

Nimm dir jetzt einen Augenblick Zeit, um dir klar zu machen, dass dieser Mensch dich gleich verlassen wird. Was muss zwischen euch beiden geschehen, damit du Frieden findest und das Gefühl hast, die Beziehung zum Abschluss gebracht zu haben?

Was muss passieren, damit du den anderen gehen lassen kannst? Kannst du es geschehen lassen? (Wenn nicht, kannst du dann mit dem anderen darüber sprechen?)

Möchtest du, dass die Person etwas Bestimmtes zu dir sagt oder tut, damit du sie gehen lassen kannst? Bitte sie, es dir zu sagen.

Stelle dir jetzt vor, wie die Person geht. Stelle dir vor, wie du sie gehen lässt. Wie fühlst du dich dabei?

Was hat sie dir gelassen? Was hat sie mitgenommen?

Vielleicht möchtest du ein Bild dazu malen.

Unter all dem Schmerz warten immer Liebe und Verzeihen. Vielleicht sieht es im Augenblick nicht so aus, und doch ist es unweigerlich so. Sie können jedoch nicht dahin gelangen, solange Sie nicht erfahren, was dem im Wege steht.

Sobald wir einem Menschen verziehen und dafür sein Verzeihen empfangen haben, ist alles getan und zum Abschluss gebracht. Die Trauer ist vorbei. Nur die Liebe zwischen uns bleibt bestehen.

Wenn wir dieses Abschließen und Verzeihen nicht erleben, können wir noch viele Jahre nach dem Tod eines Menschen mit unserem Kummer beschäftigt sein. Wir halten dann einfach an unserem Ärger fest und klammern uns in negativer Weise an diese Person.

Bitten Sie um Verzeihung für alles, womit Sie diese Person verletzt zu haben glauben.
Bieten Sie ihr an, auch ihr alles zu verzeihen, womit sie Sie verletzt haben mag.

Der Akt des Verzeihens ist als solcher so heilsam, dass er langfristig oft zur Wiederherstellung der Gesundheit führt.

Wenn es schwer zu sein scheint, zu verzeihen oder von einem anderen Menschen etwas verziehen zu bekommen, ist Folgendes hilfreich:

Machen Sie eine Liste mit all den wunderbaren Dingen, die dieser Mensch für Sie getan hat.
Machen Sie eine bewusste Anstrengung, das Gute an dieser Person zu finden. (Das Gute ist da, und wenn Sie es nicht finden können, liegt der Block bei Ihnen, nicht beim anderen.)
Finden Sie jetzt auch das Gute und Schöne an sich selbst.
Machen Sie eine Liste mit all den wunderbaren Dingen, die Sie für die Person getan haben.
Sagen Sie dem anderen, wie glücklich und stolz Sie in Bezug auf ihn und auf sich selbst sind. Gratulieren Sie sich gegen-

seitig. (Sollte dieser Mensch nicht mehr da sein, können Sie dies auch gedanklich tun.)

Oft ist es viel leichter, an uns selbst und anderen Fehler zu finden und uns gegenseitig zu hassen und Vorwürfe zu machen. Das Gute an anderen Menschen und an uns selbst jedoch vergessen wir leicht oder gehen darüber hinweg. Doch wir können bewusst eine Umkehrung vornehmen.

 Rufen Sie sich die Situationen vor Augen, in denen Sie die andere Person geliebt, aufgemuntert und ihr geholfen haben.
Was könnten Sie jetzt für diesen Menschen Wundervolles tun?
Sind Sie bereit dazu?
Warum nicht? (Fühlt es sich besser an, an der Rache festzuhalten?)

Rache führt unweigerlich in die falsche Richtung. Wenn wir einem Menschen offen und ehrlich begegnen, ist es viel leichter, ihn gehen zu lassen. Selbst wenn die andere Person von uns Abschied nehmen mag, bleibt uns die Liebe und hilft uns zu wachsen und weiter zu gehen.

»Ich habe dich immer geliebt, sogar schon bevor ich dich kannte. Jetzt, wo ich dir begegnet bin, weiß ich, dass ich dir nur begegnet bin, um zu erfahren, wie sehr ich dich liebe. Diese Liebe war immer da für dich. Obwohl ich dich nur kurze Zeit kenne, haben wir bereits

alles gesagt. Dass ich gehe, kann uns nichts mehr nehmen. Wir sind in Ewigkeit zusammen.«

Andrea, Brief an ihren Freund

Sinnvolle Zeit

Wenn wir sehen, dass der Tod näher kommt, wird
die Zeit neu und kostbar. Zeit ist immer etwas Kostba-
res gewesen, aber das ist uns bislang nicht aufgefallen.
Jetzt ist es schwer, wenn wir Zeit vergeuden. Die Frage,
wie viel Zeit uns noch bleibt, kann zur Besessenheit
werden. Trotzdem ist es notwendig, klar zu sehen, dass
es nicht auf die Länge der Zeit ankommt, sondern darauf, wie sinnvoll wir unsere Tage verbringen.

»Der Schmerz meiner Mutter hatte viele Ursachen, aber
ich habe im Lauf der Zeit begriffen, dass er hauptsächlich auf ihrem unerfüllten Leben beruhte, auf den Träumen, die sie nie in die Tat umzusetzen wagte, und auf all
den Dingen, die sie niemals geäußert hat.«

Wenn unsere Zeit abläuft, gibt es für diesen Schmerz
kein Betäubungsmittel. Es gibt keinen Weg, zurückzu-
holen, was vorbei ist. Aber die Möglichkeit zur Veränderung besteht in jedem Augenblick. Während wir
noch hier sind, ruft das Leben uns. Der folgende Text
ist ein Auszug aus Andreas Tagebuch:

»Bevor man mir sagte, dass ich sterben würde, wusste
ich noch nicht einmal, was es heißt, lebendig zu sein.

Zuerst hat mich das überhaupt nicht erreicht, es hatte gar keine Bedeutung. Nur dass das Wort einen fremden, irgendwie harten Klang hatte. Irgendwas über Blutplättchen und Blutkörperchen, und meine Mutter weinte und klammerte sich an den Bettpfosten. Sie stand einfach da, völlig verwirrt, und hielt sich am Bettpfosten fest, und mein Vater ließ den Kopf hängen. Ich konnte mir einfach nicht vorstellen, nicht zu leben und nicht mehr mit ihnen hier zu sein. Ich brauchte viele Tage, um mir die Frage zu stellen, was es wirklich heißt, lebendig zu sein, und wie viel ich in meinen siebzehn Jahren gelebt hatte. Und plötzlich dann, wie ein heftiger Regenschauer im Sommer, wollte ich so sehr leben. Ich wollte durch die Straßen rennen und schnell alle Eiscremesorten probieren, bevor mein Sommer zu Ende ging. Ich wollte meine Mutter umarmen und meinen Vater aus seiner Erstarrung wach rütteln. Dinge tun, an die ich nie zuvor gedacht hatte. Dinge, die ich Angst hatte zu tun.«

Die folgende Übung ist eine geleitete Meditation. Am besten machen Sie sie mit einer Freundin oder einem Freund zusammen in einem geschlossenen Raum. Lassen Sie sich von der anderen Person anleiten, indem sie Ihnen die Anweisungen langsam vorliest, während Sie ihnen mit geschlossenen Augen folgen. Es ist hilfreich, wenn Sie während der Meditation im Hintergrund eine sanfte Musik spielen.

Schließen Sie die Augen. Machen Sie es sich so bequem wie möglich. Stellen Sie sich vor, dass Sie eine Straße entlang gehen. Die Straße führt durch eine wunderschöne Gegend, eine Gegend, wie Sie sie immer geliebt haben. Malen Sie sich die Straße und die Gegend genau aus. Sie gehen die Straße langsam entlang. Was für ein Tag ist es? Spüren Sie die Luft. Schauen Sie sich um. Nehmen Sie sich Zeit.

Plötzlich sehen Sie vor sich, wie Ihr Tod näher kommt. Schauen Sie sich ihn an. Wie sieht er aus? Was tut er? Was will er von Ihnen?

Sprechen Sie mit Ihrem Tod. Fragen Sie ihn, wo er Sie hinbringen wird. Fragen Sie ihn alles, was für Sie wichtig sein mag. Widmen Sie diesem Gespräch etwas Zeit.

Jetzt entdecken Sie, dass Sie noch etwa sechs Monate zu leben haben. Sie werden nicht jetzt sterben. Ihr Tod verblasst.

Holen Sie nun in Ihrer Vorstellung einen Menschen heran, mit dem Sie gern zusammen sein möchten. Wer ist es? Lassen Sie die Person neben sich Platz nehmen und sprechen Sie mit ihr. Was möchten Sie ihr sagen?

Erinnern Sie sich an das, was in Ihrem Leben die größte Bedeutung hatte. Teilen Sie es der anderen Person mit. Überlegen Sie, was Sie gern anders machen oder noch einmal tun würden. Sprechen Sie auch darüber.

Denken Sie jetzt über die Zeit nach, die Ihnen noch bleibt. Wie möchten Sie diese Zeit wirklich verbringen? Was möchten Sie wirklich tun?

Wenn Sie sich bereit fühlen, kommen Sie langsam zurück in den Raum. Spüren Sie den Boden unter Ihren Füßen. Öffnen

Sie Ihre Augen. Geben Sie sich, was immer Sie brauchen, um die Erfahrung integrieren zu können.
Teilen Sie jetzt Ihrer Freundin oder Ihrem Freund mit, was Sie erlebt haben.

»Liebe Mutter,
obwohl ich sterbe, lebe ich. Ich weiß, dass du das nicht verstehst. Ich weiß, du wirst weiterhin denken, ich sei ein merkwürdiges Geschöpf, und jetzt, wo ich so dünn und blass aussehe, wenn du mich von außen anschaust, komme ich dir vielleicht ziemlich hässlich vor.

Aber von innen, Mutter, fühle ich mich schön. Ich habe das Gefühl, in jedem Augenblick größer zu werden, als würde ich aus diesem Körper platzen und in eine andere Haut schlüpfen. Schon bald wird das ganze Universum mein Körper sein.

Während ich Tag für Tag sterbe, Mutter, lebe ich mehr. Ich wachse in etwas Erstaunliches hinein. Ich frage mich, ob du das verstehen kannst.

Wenn ja, dann sage es mir doch bitte.«

Auszug aus Andreas Tagebuch

Reise durch den Kummer

Der Raum zwischen zwei Lebensphasen (oder zwischen zwei Leben) wird zum Beispiel in der buddhistischen Lehre als *Bardo* bezeichnet. Er stellt einen Durchgang dar, eine Zeitspanne, wo wir weder hier noch dort sind. Diese Zeit ist geprägt von der Ungewissheit darüber, was als Nächstes geschehen wird. Oft ist sie begleitet von dem Gefühl des Verlustes an Sicherheit sowie von Verwirrung und Angst.

Für viele Menschen ist diese Zeit des Übergangs so erschreckend, dass sie sie um jeden Preis vermeiden wollen. Aber diese Übergänge von einer Erfahrung im Leben zur nächsten sind ebenso notwendig wie unvermeidbar.

Wenn ein Mensch in Trauer ist, befindet er sich in solch einer *Bardo*-Phase. Es ist sowohl heilsam als auch notwendig, Zeit in diesem Bardo zu verbringen. Uns auf diese Reise einzulassen erfordert von uns großen Mut. Wenn wir jedoch tief in diese Zeit eintauchen können, werden wir anschließend größer und stärker sein als vor dem Aufbruch. Diese Zeit des Übergangs, dieser Bardo ist ein Geschenk und eine Gabe, die viele Möglichkeiten birgt. In unserer westlichen Welt haben wir in der Regel wenig Geduld für Zeit, Prozesse und Übergänge. Hier muss alles sofort erledigt sein. Aber es ist das Wesen des Bardo, das Wesen von Trauer, dass sie ihre eigene Zeit erfordern.

Die hohe Kunst des Abschiednehmens besteht darin zu wissen, wie wir den Bardo betreten, den Kummer annehmen, die Trauer erkennen und zulassen, dass sie zu Ende geht.

Sowohl der Bardo als auch die Trauer sind Zeiten der Reife. Man kann sie nicht in Eile erledigen und darauf drängen, dass sie schnell zu Ende gehen. In dieser Zeit bekommen wir Gelegenheit, selbst ein Stück zu sterben, überlebte Seiten von uns abzulegen. Haben wir sie erst einmal abgelegt, können wir zu einer neuen, schönen Person heranwachsen. Wir sind uns nicht sicher, ob wir neu und schön zurückkehren wollen. Meistens wollen wir einfach nur, dass alles bleibt, wie es ist. Aber je mehr wir in Zeiten des Kummers und der Trauer versuchen, die Dinge festzuhalten, desto schneller fallen sie auseinander.

Im Laufe unseres Lebens gibt es viele Bardo-Phasen, viele Gelegenheiten für Übergänge und Veränderungen. Die Zeit der Trauer um einen geliebten Menschen ist der intensivste Bardo von allen. Solange wir ihn nicht betreten und abschließen, bleibt unser Kummer bestehen und prägt unser Leben auf unmerkliche Weise.

Manche Trauernden ziehen sich zurück und halten sich in dieser Zeit von sozialen Anlässen fern. Wir dürfen sie nicht drängen, voreilig ins Leben zurückzukehren. Wenn sie sich tief in ihren Kummer versenkt haben und dann wieder auftauchen, kehren sie erneuert und erfrischt zurück.

Viele von uns verbringen ihr ganzes Leben in Trauer, niedergedrückt von der Last ihres unbewussten Kummers. Vielleicht trauern wir um einen anderen Menschen schon lange, bevor er anfängt zu gehen. Die ganze Zeit unserer Beziehung kann von Abwehr gegen unvermeidlichen Kummer geprägt sein. Der Grund dafür ist, dass wir nicht wissen, wie wir dankbar sein können für das, was wir bekommen, und wie wir die Bereitschaft entwickeln, es loszulassen.

In der jüdischen Religion wird für Verstorbene nach ihrem Tod ein Jahr lang gebetet. Dies sind im Wesentlichen Gebete der Dankbarkeit, in denen es heißt, dass das Leben es immer gut mit uns meint, ganz gleich, ob wir etwas empfangen oder loslassen müssen.

Augenblick für Augenblick müssen wir lernen, Abschied zu nehmen, zuzulassen, dass etwas vorbei ist und das Leben weitergeht. Anhaltender Kummer ist ein Versuch, das Leben statisch zu halten; er ist wie ein Aufschrei gegen die wahre Natur des Universums.

Wenn wir unseren Kummer nicht verarbeiten, kann er zur tödlichen Waffe werden. Er kann unter der Oberfläche subtil weiterwirken, unsere Lebensfreude dämpfen, unseren Erfolg vereiteln. Er kann so tief und hartnäckig sein, dass er sogar Krankheit und Tod verursacht. Vielleicht möchten wir nicht mehr leben. Vielleicht haben wir das Gefühl, dass das Leben sinnlos ist. Wir können rasende Wut darüber empfinden, dass ein geliebter Mensch uns verlassen hat. Und große Wut kann sich in unverarbeiteten Kummer verwandeln.

Viele Trauernde sterben, weil sie sich danach sehnen, mit dem geliebten Menschen wieder vereint zu sein. Dieser tiefe Wunsch entspringt dem Gefühl, dass wir hier sind, während unser Geliebter oder unsere Geliebte anderswo ist, getrennt von uns. Wir glauben, uns mit dieser Person verbinden zu können, indem wir selbst sterben. Dies ist eine sehr verbreitete Illusion. Sie kann sehr lebhaft und zwingend sein.

Unverarbeiteter Kummer kann auch zu heftigem Selbsthass führen. Manche Menschen bekommen das Gefühl, dass die geliebte Person sie verlassen hat, weil sie sie nicht gut behandelt und es ihr nicht recht gemacht haben. Manche glauben, dass ihre ärgerlichen Gedanken die Krankheit oder den Tod des anderen verursacht haben. Kinder beispielsweise empfinden oft so. Es ist ganz wichtig, offen mit ihnen darüber zu sprechen und ihnen zu helfen, klar zu erkennen, dass ihre Gefühle anderen keinen Schaden zufügen. Gefühle kommen und gehen.

Wenn wir auf die Erkrankung eines geliebten Menschen völlig irrational reagieren, kann dies ein Zeichen für vorweggenommenen Kummer oder Trauer sein. In diesem Fall trauern wir, noch bevor der andere gegangen ist. Wir erwarten, den Menschen zu verlieren, den wir lieben.

Manche Trauernde essen nichts oder waschen sich nicht. Andere scheinen eine Weile desorientiert zu sein. Drängen Sie sie nicht, sich anders zu verhalten. Wahrscheinlich befinden sie sich im Bardo. Meistens stellen diese Reaktionen ein Übergangsstadium dar. Manche Menschen, die trauern, verletzen sich auf verschiedene Weise. Vielleicht wünschen sie sich vorübergehend, krank zu sein oder bestraft zu werden, um von den Schuldgefühlen befreit zu werden. Sie möchten genauso leiden wie die geliebte Person. Sie suchen einen Weg, diesem Menschen nahe zu bleiben oder ihn dafür zu bestrafen, dass er geht.

Oft haben Menschen einfach deswegen enorme Schuldgefühle, weil sie am Leben sind und es ihnen gut geht, während die geliebte Person leidet. Vielleicht sind sie dann ständig nur halb lebendig, weil sie sich mit dem anderen identifizieren oder sich selbst bestrafen. Sie haben Angst, zu glücklich zu sein oder es sich zu gut gehen zu lassen, während der andere leidet.

Wir müssen diese Reaktionen erkennen und als solche respektieren. Meistens gehen sie mit der Zeit vorüber. Wenn nicht, erfordern sie mehr Verständnis und

Gespräche. Es braucht Zeit, um die Tatsache zu verdau-
en, dass ein geliebter Mensch krank ist und vielleicht
nicht wieder gesund wird, oder wenn er gesund wird,
ein ganz anderer sein wird als zuvor. Es braucht Zeit zu
begreifen, dass wir einem anderen Menschen nicht
wirklich helfen können, wenn wir mit ihm leiden, und
dass manche Dinge sich nicht ändern, ganz gleich wie
heftig wir protestieren.

Manche Menschen sehen geliebte Personen an vertrauten Orten, andere verweilen bei Erinnerungen an
sie. Manche können sich lange nicht von den Dingen
trennen, die dem oder der Verstorbenen gehörten. Wir
müssen nicht unbedingt verhindern, dass Menschen
sich so verhalten. So sieht die Arbeit des Abschiednehmens nun einmal aus.

Es muss uns erlaubt sein, an dem anderen Menschen auf unsere Art und Weise und so lange, wie wir es
brauchen, festzuhalten. Wenn wir bereit sind, werden
wir ihn gehen lassen. Vielleicht können wir eines Tages
erkennen, dass dieser Mensch uns nie verlassen hat. Er
ist auf jede nur mögliche wunderbare Weise immer bei
uns.

 *Denken Sie an einen geliebten Menschen, den Sie
verloren haben. Spüren Sie im Augenblick, dass er
bei Ihnen ist? Auf welche Art und Weise?*
*Denken Sie an die Menschen, denen Sie sich wirklich nahe
fühlen. Wo sind sie jetzt? Wie kommt es, dass Sie sich ihnen
verbunden fühlen?*
*Wenn diese Menschen gehen, fühlen Sie sich ihnen dann
weniger verbunden?*

Ob Sie zusammen sind oder nicht, ändert das etwas an Ihrer grundlegenden Verbundenheit?
Denken Sie jetzt an einen Menschen, dem Sie sich nicht so nahe fühlen. Fühlen Sie sich ihm näher, wenn er sich oft in Ihrer Umgebung aufhält?
Was ist es, das zwei Menschen vereint?

Es gibt unverarbeitete Abschiede, die nicht so leicht zu erkennen sind und mit denen schwerer umzugehen ist. Die Reaktionen des Betreffenden können langfristig unglückliche Folgen haben und schädlich sein. Oberflächlich betrachtet, geht es diesem Menschen gut. Er geht ständig aus und ist viel unterwegs. Doch darin kann sich lediglich das hektische Bedürfnis zeigen, Ersatz zu finden für die Person, die er verloren hat, so, als hinge sein Überleben von ihr ab.

Vielleicht steht er unter dem Zwang, schnell eine neue Beziehung einzugehen, um die Lücke zu füllen. Aber diese neuen Beziehungen sind oft wahllos und ohne wirkliche Zuneigung. Sie haben etwas Verzweifeltes an sich. Wenn dann auch der neue Partner wieder geht, kommt plötzlich und völlig unerwartet die Trauer um den ursprünglich geliebten Menschen hoch, die nicht verarbeitet wurde.

Diese Menschen drängen ihre Trauer wahrscheinlich weg, indem sie jeden Augenblick mit hektischer Aktivität füllen. Doch auch wenn wir uns weigern, unsere Trauer zu durchleben, kehrt sie so lange zu uns zurück, bis sie abgeschlossen ist. Vielleicht geraten wir immer wieder in die gleichen Situationen, bis wir sie gründlich verstanden haben.

Die meisten Menschen haben große Angst davor, wirklich zu trauern. Man hat uns beigebracht, stark zu sein und Würde zu bewahren. Wir leben in der falschen Vorstellung, dass es kindisch und schwach ist zu trauern, also versuchen wir verzweifelt, unsere Gefühle unter Kontrolle zu bekommen. Genau dieses Bemühen ist die Ursache dafür, dass wir uns krank und nicht im Vollbesitz unserer Kräfte fühlen. Es führt dazu, dass wir hektisch herumrennen und nach einem anderen Menschen suchen, der uns liebt.

Es ist gesund, mutig und stark zu trauern. Solange wir wirklich trauern, sind wir vielleicht nicht imstande, unser übliches Leben wieder aufzunehmen.

Wenn wir einem Menschen helfen wollen, der in Trauer ist, müssen wir ihn einfach nur darin unterstützen, seine Gefühle zu respektieren. Denken Sie daran, dass es für diese Menschen anstrengend und manchmal auch demütigend ist, ein fröhliches Gesicht machen zu müssen, wenn sie innerlich leiden.

»Ich möchte jetzt kein Make-up tragen. Ich möchte mein Gesicht mit Asche bedecken.«

»Gut.«

»Ich will jetzt nicht meinen Therapeuten aufsuchen. Er hat Angst vor mir. Er möchte, dass ich meine Gefühle analysiere, und ich will das nicht.«

»Gut.«

Kummer ist Kummer. Da gibt es nichts zu analysieren. Er muss durchlebt werden und braucht keinerlei Entschuldigung.

»Ich habe den Verfall immer als ebenso wunderbaren und reichen Ausdruck des Wachsens betrachtet wie das Leben.«

Henry Miller

»Schlage gegen die Wand. Sag ihr, wofür du sie hasst!«

»Ich hasse dich! Ich hasse dich!«

»Sage der Wand alles, was du bedauerst.«

»Darf ich das wirklich? Liebst du mich wirklich so sehr, dass du mir erlaubst, so hässlich zu sein?«

Wir erleben unseren Schmerz als hässlich. Das ist er nicht. Wir können in unserem Schmerz auch schön sein.

Die Trauer endet, wenn wir sie abgeschlossen haben – wenn wir alles gesagt, getan und gefühlt haben, was in uns ist, was immer es sein mag. Vielleicht glauben wir, diese Aufgabe unmöglich erfüllen zu können. Das ist nicht so. Sobald wir beginnen, uns ihr zu widmen, beginnt ein wunderbarer Prozess.

Sobald wir das Gefühl haben, eine Sache oder auch nur einen Augenblick abgeschlossen zu haben, fühlen wir uns so wunderbar, dass unser Trauerprozess genau an diesem Punkt zu enden beginnt. Unser Bedauern und unsere unerledigten Geschäfte hingegen sind grundlegende Kräfte, die unsere Trauer in Gang halten.

Manche Menschen haben das Gefühl, dass die Dinge unwiderruflich sind und sie die Vergangenheit nicht mehr ändern können. Was auch geschehen sein mag, es ist zu spät. Der Schaden ist entstanden und kann nicht mehr behoben werden. Das stimmt nicht. Alles kann repariert werden.

Es ist sogar notwendig, dass alles auf die eine oder andere Weise repariert wird. Vielleicht sind wir nicht imstande, an den Erlebnissen mit einem bestimmten Menschen, der krank oder gestorben ist, etwas zu ändern, aber wir können lernen aus dem, was geschah und uns in der nächsten ähnlichen Situation anders verhalten (sie »reparieren«).

Und das wird auch passieren. Denn wir erhalten ständig neu die Gelegenheit, unsere Dinge in Ordnung zu bringen.

Schauen Sie sich den Menschen an, um den Sie trauern. Was bedauern Sie an Ihrer Beziehung am meisten? (Machen Sie eine Liste all jener Punkte, die Sie bedauern.) Wie würden Sie sich fühlen, wenn all das ins Lot gebracht werden könnte? Was können Sie jetzt tun, um Abbitte zu leisten?
Was haben Sie mit diesem Menschen ins Reine gebracht, während er noch hier war? (Geben Sie sich Anerkennung dafür.)

Wenn Sie diese Übung machen, können alte Gefühle von Traurigkeit, Versagen, Ärger oder Schmerz hochkommen. Haben Sie keine Angst davor. Erlauben Sie diese Empfindungen und lassen Sie sie dann gehen.

Unter all dem Schmerz warten immer Liebe und Verzeihen. Vielleicht können Sie das im Augenblick nicht sehen, aber es ist so. Sie können jedoch erst dorthin gelangen, wenn Sie es selbst erleben. Sobald wir einem Menschen verziehen und seine Bitte um Verzeihung angenommen haben, ist alles getan und abgeschlossen. Die Trauer ist vorbei. Nur die Liebe zwischen uns bleibt.

Wenn wir nicht erleben, dass wir mit einem Menschen zum Abschluss gelangen, ihm verzeihen und von ihm verziehen bekommen, können wir noch viele Jahre, nachdem die Person von uns gegangen ist, mit unserem Kummer beschäftigt sein. Wir halten einfach an unserem Ärger fest und klammern uns in negativer Weise an diese Person.

8 Mut zum Weitermachen

Eine Einladung zur Rückkehr ins Leben

So wie wir lernen müssen, Abschied zu nehmen, müssen wir auch lernen, geboren zu werden und weiterzumachen. Wir müssen lernen, unser Herz zu öffnen und kontinuierlich zu wachsen. Es reicht nicht, nur wenige Zentimeter zu wachsen.

Die meisten von uns verbringen dieses unglaubliche Leben im Halbschlaf und wandern herum wie im Traum. Welch eine Verschwendung! Dieses Leben ist ein erstaunliches Geschenk, das aber die meisten von uns Tag für Tag zurückweisen. Warum lehnen wir es beharrlich ab, all die Schönheit und Freude zu erleben? Und was müssen wir tun, um das alles hereinzulassen?

»Die Welt ist ein Schoß, kein Grab, ein Ort, an dem alles gezeugt und zum Leben gebracht wird.«

Henry Miller

Als Erstes müssen wir lernen, alles, was wir besitzen, in den Wind zu werfen, und dann zulassen, dass der Wind uns zurückbringt, was immer er uns zu seiner Zeit bringen will. Wir beschränken uns selbst, weil wir eifrig an all unseren Vorstellungen davon festhalten, was das Leben uns bringen »sollte« – was wir erwarten und fordern. Dieses Festhalten selbst hindert uns daran, das Leben zu leben, es auszukosten und uns immer wieder neu zu verlieben.

Vorbehaltlos zu leben erfordert Mut und Vertrauen. Über das Wort »Vertrauen« wird viel geredet, aber wie können wir es in unserem Leben Wirklichkeit werden lassen? Auch wenn wir viele Meinungen zum Thema Vertrauen mit uns herumtragen, begegnen wir nur selten einem Menschen, der wirklich Vertrauen in das Leben hat; oder der seinen eigenen Erfahrungen wirklich vertraut.

Meistens sind wir bestürzt über die Ereignisse und verbringen den größten Teil unseres Lebens damit, dass wir versuchen zu verändern oder abzuwenden, was uns widerfährt. Wir verwenden viel Kraft und Denken darauf, unsere Tage nach unseren speziellen Wünschen zu gestalten. Warum glauben wir zu wissen, was das Beste ist?

Wenn die Ereignisse anders verlaufen, als wir geplant haben, bekommen wir Angst und werden traurig.

»Gehe nach links, gehe nach rechts. Vor allem aber falle nicht hin.«

Zen-Spruch

Manche packt die Verzweiflung und sie sagen, das Leben habe seinen Sinn verloren und sie selbst ihre Richtung. Vielleicht können sie noch nicht sehen, dass alle Richtungen zum gleichen Ziel führen und dieses Ziel wunderbar ist, ob wir das wissen oder nicht.

Es ist in Ordnung hinzufallen. Wir können wieder aufstehen. Es kann sogar Spaß machen, unsere Richtung aus den Augen zu verlieren, auch wenn man uns beibringt, vorsichtig zu sein und unsere Schritte nur zögernd zu setzen. Doch je stärker wir zögern, umso unsicherer und ängstlicher werden wir. Letzten Endes müssen wir aufhören zu zaudern und vertrauensvoll in jede Richtung gehen, die das Leben uns weist.

Vertrauen bedeutet, einen Sprung zu tun. Wir sind bereit aufzustehen und trotz unserer Unwissenheit mutig weiterzugehen. Das heißt, uns auch da zu vertrauen, wo wir Fehler machen, und zu akzeptieren, dass das Leben grundsätzlich gut ist und wir immer in guten Händen sind, ganz gleich, ob das offensichtlich ist oder nicht.

Wenn wir gut sind, ist das Leben gut. Wenn wir aufgebracht sind, ist das Leben schrecklich.

Wir glauben, Stärke bestünde darin, an alten Vorstellungen und Formen festzuhalten. Aber neues Leben geht immer einher mit der Auflösung des alten. Nur wenn wir loslassen, kann Neues kommen. So wie Abfallprodukte Dünger für den Boden bilden, werden alte Ideen und überholte Verhaltensweisen zum Dünger für unser neues Wachstum. Das alles ist Teil eines Zyklus. Wir müssen zulassen, dass das Alte sich auflöst, um das Neue zu nähren. Alles, was Form annimmt, unterliegt der Veränderung. Das kann nicht anders sein. Eines Tages können wir vielleicht sogar sehen, dass auch wir selbst Teil einer Formwerdung sind, eines Zusammenkommens und Auseinanderfallens. Nichts ist konstant und alles ist konstant, und beides existiert gleichzeitig.

Veränderung selbst ist etwas Konstantes, und unser individuelles Leben verändert sich ständig. Der Tod ist lediglich ein anderer Teil des Lebenszyklus. Es ist schwer für uns, das zu akzeptieren. Vielleicht wollen wir dagegen protestieren und auf die Barrikaden gehen. Aber wer sind wir, Befehle zu geben? Warum können wir dem Universum nicht erlauben, so zu sein, wie es ist?

Wenn wir lieben und das Universum lassen, wie es ist, dann versorgt es uns unaufhörlich, denn das ist seine Natur. Schauen Sie sich einfach die Erde im Frühling an.

»Der Pflaumenbaum meiner Hütte kann nicht anders, er blüht.«

Shiki

Vielleicht haben wir das Gefühl, dass wir es nicht verdienen, zu blühen und kontinuierlich versorgt zu werden. Man hat uns beigebracht, uns als die, die wir sind, zu verdammen. Diese tief greifende Selbstverdammung muss mit der Wurzel ausgerottet werden. Sie spielt bei der Verursachung von Krankheit eine große Rolle. Manche sagen, sie sei die Krankheit selbst.

Geboren werden

Ein Buch über Krankheit muss zwangsläufig auch ein Buch über Geburt sein. Krankheiten schenken uns die Gelegenheit, die Fülle unseres ganzen Selbst zu erfahren. Die meisten von uns denken, dass wir für immer und ewig der Mensch bleiben müssen, der wir sind. Andere haben das Gefühl, buchstäblich sterben zu müssen, um ganz von vorn beginnen zu können.

Aber Sie können sofort ganz von vorne beginnen. Sie müssen lediglich bereit sein, zuzulassen, dass sich Ihre inneren Möglichkeiten zeigen. Das ist, als würden

Sie in einem Zimmer die Möbel wechseln. Erst Frühjahrsputz, dann die Wände neu streichen, dann neue Möbel, eins nach dem anderen.

Lassen Sie uns jetzt auf Ihren eigenen Lebensprozess und Ihr eigenes Bedürfnis, geboren zu werden, einen Blick werfen. Suchen Sie sich eine Partnerin oder einen Partner und machen Sie diese Übung mit ihr oder ihm zusammen.

 Jeder der beiden Beteiligten vervollständigt mehrmals spontan die folgenden Sätze. Der andere hört zu und sagt: »Danke.«
Dann wechseln Sie die Rollen.
Wirklich lebendig sein heißt …
Die Seite in mir, die wirklich lebendig ist, ist …
Die Seite in mir, die am meisten abgestorben ist, ist …
Die Seite in mir, die geboren werden will, ist …

Dies ist eine angeleitete Meditation, die Ihnen helfen wird, zu entdecken, was in Ihnen geboren werden und was gehen will. Sie brauchen eine Partnerin oder einen Partner, der bzw. die Ihnen die Anweisungen sorgfältig vorliest. Manche genießen es, wenn dabei im Hintergrund sanfte Musik spielt.

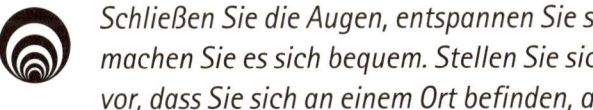 *Schließen Sie die Augen, entspannen Sie sich und machen Sie es sich bequem. Stellen Sie sich jetzt vor, dass Sie sich an einem Ort befinden, an dem Sie immer sehr gern waren und an dem Sie sich sicher und glücklich fühlen. Schauen Sie sich genauer um. Wie fühlen Sie sich jetzt?*

Machen Sie sich nun ein Bild davon, was in Ihnen geboren werden will. (Wenn Sie möchten, können Sie sich vorstellen, wie es Ihnen auf der Straße entgegenkommt.)
Wie sieht diese Seite in Ihnen aus? Schauen Sie genau hin. Schließen Sie Freundschaft mit ihr. Wie heißt sie? Was tut sie? Welche Lieder singt sie?
Möchte sie Ihnen irgendetwas sagen? Möchten Sie etwas antworten? Wünscht sie sich einen ganz bestimmten Menschen in ihrer Nähe?
Fragen Sie sich jetzt, was verhindert, dass diese Person geboren wird.
Lassen Sie die Antwort auf diese Frage in Form eines weiteren Bildes kommen. Schauen Sie nach, was dieses Bild bedeutet. Sprechen Sie mit ihm und lassen Sie es antworten. Fragen Sie es, wovor es Angst hat und was es braucht, damit die Hindernisse aus dem Weg geräumt werden.
Schauen Sie, ob Sie ihm das geben können. Gehen Sie ganz behutsam mit sich um. Sie werden das Hindernis nicht zerstören, sondern Sie werden einfach zulassen, dass es verschwindet.
Wenn Sie bereit sind, öffnen Sie Ihre Augen. Kommen Sie zurück in den Raum und malen Sie von der Reise, die Sie gerade gemacht haben, ein Bild oder erzählen Sie Ihrem Partner oder Ihrer Partnerin davon, wenn Sie das gerne möchten. Wenn es Ihnen wichtig ist, können Sie die neue Person auch spielen. Stellen Sie sich Ihrem Partner oder Ihrer Partnerin als diese neue Person vor. Bekommen Sie ein konkretes Gefühl dafür, was es heißt, dieser Mensch zu sein.

Dieser Prozess macht großen Spaß und er ist sehr aufschlussreich. Er kann uns schnell in Berührung bringen mit den endlosen Möglichkeiten für neue Erfahrungen und Ausdrucksformen, die immer in uns existieren.

Wenn wir wirklich sehen, was alles in uns ist, begreifen wir, dass wir niemals einrosten und sterben müssen. Vielleicht existiert das Sterben nur, um uns daran zu erinnern, dass wir manchmal keine andere Wahl haben, als loszulassen und neu geboren zu werden.

»Für immer« finden

»Aber ich möchte, dass Mami für immer bei mir bleibt.«
»Was heißt › für immer‹ , Pamela?«
»Weiß ich nicht. Ich habe das in einem Buch gelesen.«
»Wie sieht › für immer‹ aus, Pamela?«
(Mit einem kleinen Lächeln) »Vielleicht bleiben meine Sommersprossen für immer?«
»Kannst du › für immer‹ für mich malen?«
»Das ist ja blöd, aber ich male es trotzdem.«
»Und was passiert, wenn › für immer‹ weggeht?«

Pamela, neunjährige Krebspatientin

Es ist sehr hilfreich, sich eine klare und konkrete Vorstellung davon zu machen, was »für immer« für uns heißt – von dieser Idee, die sich manchmal in uns festsetzt. Wir haben ein starkes Gefühl dafür, dass die Dinge für immer sind. Aber was heißt »für immer«? Können wir es schmecken? Anfassen? Wie können wir wirklich wissen, was »für immer« ist? Diese Vorstellung ist lediglich ein Produkt unserer Phantasie. Wenn wir sie genauer untersuchen, lösen sich ihre beängstigenden Aspekte spontan in Luft auf.

 Was ist »für immer«?
Schauen Sie sich das einmal ganz genau an. Malen Sie ein Bild davon oder formen Sie es in Ton.
Wie beeinflusst diese Vorstellung von »Für immer« Ihr tägliches Leben?

In Zeiten von Krankheit und Verlust suchen wir besonders intensiv nach etwas, das stabil bleibt, das sich nicht verändert oder verschwindet.

Was ist es, das sich nicht verändert oder verschwindet?

Forschen Sie genau nach. Manche werden sagen, Gott verändere sich nicht. Gott sei ewig. Dann müssen wir Gott inmitten des Fließens in jedem Augenblick für uns finden. Sie müssen das Ewige mit ans Krankenbett nehmen. Wie machen Sie das? Die bloße Vorstellung reicht nicht. Sie bringt keine Linderung, wenn wir Schmerzen haben. In diesen Zeiten müssen wir die Vorstellung konkret, lebendig und durch und durch real werden lassen.

»Ein gemalter Kuchen macht nicht satt.«

Wenn Sie Gott finden möchten, wo halten Sie dann nach ihm Ausschau?

»Er schläft direkt neben dem Bett meiner Mutter.«

»Im Regenbogen.«

»Wenn es schneit, sehe ich Gottes Gesicht lächeln.«

»In Schokoladeneis mit Schokostückchen.«

In Zeiten schwerer Krankheit beginnen viele Menschen, über Gott nachzudenken. Manchen ist das unangenehm und sie schämen sich, offen darüber zu sprechen. Sie haben das Gefühl, sie müssten inzwischen über solche Dummheiten hinausgewachsen sein. Andere sehnen sich heimlich danach, Gottes Anwesenheit zu spüren.

Es ist enorm hilfreich, über diese Themen offen zu sprechen. Dabei kommt es nicht darauf an, was wir im Einzelnen glauben. Wenn wir einfach nur ein Gespräch beginnen, kann uns das sehr viel Spannung und Stress nehmen.

Frau Adams (lachend und leicht verlegen): »Nun, natürlich habe ich, seit ich Kind war, nicht mehr über Gott gesprochen oder wirklich über ihn nachgedacht. Wir wachsen über solche Dinge hinaus. Ich bin zwar hin und wieder in die Kirche gegangen, aber nun, gesprochen habe ich darüber nicht viel. Und neulich kam mir das alles wieder. Schön, dass Sie mich danach fragen.«

Oft eröffnen wir ein solches Gespräch durch eine freundliche Bemerkung wie: »Manchmal denke ich an Gott, und du?« Es ist erstaunlich zu sehen, wie ein Patient, eine

Freundin oder Verwandte daraufhin beginnen, uns ihre Gedanken, Ängste und Wünsche darzulegen.

Dabei ist es besonders wichtig, dass wir uns für die Gefühle der anderen Person öffnen, ohne unseren eigenen Standpunkt einzubringen. Was Sie denken, ist Ihre Sache und nicht entscheidend für die Reise, auf der die andere Person sich befindet.

Am hilfreichsten ist dabei, wenn wir der Patientin, dem Freund oder Verwandten offen und akzeptierend begegnen, so dass die andere Person sich frei fühlt, herauszufinden, was für sie richtig ist. Wenn wir dem anderen einfach nur den Freiraum schenken, der entsteht, wenn wir wirklich zuhören, ohne zu urteilen oder Vorträge zu halten, ist das bereits als solches enorm heilsam.

Die Suche nach Gott, Sinn oder Ewigkeit ist eine andere Form der Suche nach uns selbst.

Beten

Es ist unmöglich, ein Buch über Krankheit zu schreiben, ohne über das Beten zu sprechen. Nur wenige von uns wissen, was beten wirklich heißt, oder träumen davon, wirklich ernsthaft zu beten. Tatsächlich ist beten die Erfüllung menschlicher Entwicklung.

Für viele Menschen jedoch heißt beten lediglich, ständig altes, kindliches Verhalten wiederholen, das vor allem auf Angst beruht. In unserer Gesellschaft gilt beten überwiegend als abergläubisch und irrational und geschieht rein mechanisch. Die meisten von uns denken, beten heiße, »um etwas zu bitten«. Aber das stimmt nicht unbedingt. Richtig ist, dass viele Menschen um ein langes Leben, Gesundheit, Wohlstand, Glück und so weiter beten. Ihre Gebete beruhen auf dem Gefühl von Bedürftigkeit und innerer Leere. Sie sind kein Überfließen, das einer inneren Fülle entspringt.

Manche beten, weil sie große Schuldgefühle haben und Reue zeigen wollen. So bitten wir darum, dass unsere Sünden von uns genommen werden. Manche bieten Opfer dar. Andere glauben, beten heiße, ein Geschenk zu machen. Für wieder andere bedeutet beten lobpreisen; manche beten, indem sie singen, meditieren, tanzen, sich verneigen oder voll Liebe in ihrem Garten arbeiten.

Ein Gebet ist seine eigene Antwort. Auf die eine oder andere Weise kommt die Antwort in jedem Fall. Aber oft nicht so, wie wir sie uns vorgestellt haben. Ein Mensch, der wirklich betet, greift nach dem Höchsten in sich und lässt zu, dass seine Getrenntheit aufgehoben wird. Beten ist die Tür zu unserer eigenen Mitte, der Schlüssel, der uns unser Herz aufschließt. Im Gebet werden wir eins mit allen Wesen und begegnen ihnen voll Ehrerbietung und Ehrfurcht. Beten ist auch ein Weg, in der Welt zu sein.

Beten ist ein natürliches menschliches Verhalten, das in vielen von uns stark unterdrückt oder verzerrt wurde. Psychologisch betrachtet, hat beten natürliche Heilungskräfte. Es macht uns weit, beruhigt uns und schenkt uns Klarheit. So natürlich wie der Wunsch nach Freundschaft ist für menschliche Wesen auch die Hinwendung zum Gebet.

In Zeiten der Krankheit ist es außerordentlich wohltuend, sich im Gebet unserem umfassenderen Wesen zuzuwenden und mit ihm in Kommunikation zu treten. Im Zustand des Betens beziehen wir uns auf etwas Größeres als unser persönliches Selbst. Vielleicht laden wir diesen größeren Lebenssinn auch ein, uns in unterschiedlicher Form ganz zu durchdringen.

Im Gebet nehmen wir innerlich die Haltung ein, dankbar zu sein für das Geschenk des Lebens und bereit, es kontinuierlich zu feiern. Und mit dieser inneren Haltung verschönern wir alles, was uns umgibt, wo immer wir uns hinwenden mögen.

Das Fest des Lebens

Beten wird zur dringenden Notwendigkeit, weil wir so leicht vergessen. Viele von uns leben ihr Leben wie undankbare Gäste auf dem wunderbaren Fest des Lebens. Statt das Fest mit allen Sinnen zu genießen, regen wir uns darüber auf, dass das Mahl nicht für immer dauert. Wir mäkeln an den Speisen herum. Wir wollen etwas ganz Bestimmtes essen und nichts anderes. Oder wir stopfen uns mit Dingen voll, die uns nicht gut tun, und wundern uns dann, dass wir krank werden.

Viele Menschen verbringen das ganze Fest damit, bei den anderen Gästen nach Fehlern zu suchen. Sie haben keine Ahnung, wer ihr Gastgeber ist oder warum sie überhaupt eingeladen wurden. Und meistens fällt ihnen gar nicht ein, sich zu bedanken.

Manchen ist es ganz egal, was sie bei diesem gran-
diosen Fest überhaupt tun. Wenn die Speisen ausgehen,
sind sie einfach erschrocken. Anderen ist das Essen
ziemlich egal, sie wollen lediglich die anderen Gäste he-
rumkommandieren. Sie leben in der Illusion, dies sei
ihre Party und begreifen nicht, dass alle, die hier sind,
eingeladen wurden, am Fest teilzunehmen. Manche
weigern sich, ihren Teller leer zu essen, verziehen sich in
die Ecke und warten schmollend darauf, dass die Party
zu Ende geht.

Beten ist ein Weg, sich nach dem Gastgeber umzu-
schauen, ihm zu danken und nach und nach herauszufinden, warum wir hierher eingeladen wurden. Beten
heißt, »danke« zu sagen, sich satt zu essen und dann zu
fragen: »Was kann ich dafür geben?« Wenn wir beten,
entdecken wir, dass jeder Mensch auf diesem Fest, so
wie er ist, kostbar ist und dass es einen Grund dafür
gibt, dass er heute hier ist. Jeder Gast hat etwas ganz
Einzigartiges beizutragen, und das gilt natürlich auch
für uns selbst.

Wenn wir krank sind und Schmerzen haben, kann
es schwierig sein, innerlich zum Gebet zu finden. Wenn
das Beten jedoch zu unserem täglichen Leben gehört,
wird es zum natürlichen Impuls, dem wir auch in
schwierigen Zeiten leicht folgen können. Beten ist auch
ein Weg, sich daran zu erinnern, dass wir eines Tages
gehen werden. Es hilft uns, andere Menschen, die in der
gleichen Lage sind wie wir, bewusst und liebevoll wahrzunehmen.

Es gibt viele verschiedene Wege zu beten und in
diesen natürlichen Seinszustand zu gelangen. Auch

wenn es hilfreich sein kann, müssen wir nicht immer an bestimmten Orten und zu bestimmten Zeiten beten.

Auch unsere Arbeit kann, wenn sie in diesem Zustand der achtsamen Ehrerbietung getan und dem Wohle aller Wesen gewidmet wird, zu einer Form des Gebets werden. Eine Ärztin, die eine Patientin behandelt, oder ein Tischler, der ein Stück Holz bearbeitet, können beide in ihr Gebet vertieft sein.

Eine tiefe Verneigung (innerlich oder äußerlich) vor einem anderen Wesen oder bestimmten Aspekten des Lebens ist ebenfalls eine wunderbare Möglichkeit zu beten. Sie ist ein lebendiger Akt der Hingabe und Ehrerbietung, bei dem wir unsere egoistischen Meinungen und Wünsche und unsere ständigen Forderungen an das Leben loslassen.

 Betrachten Sie Ihr Kind (Ihre Freundin, Ihren Geliebten, Ihren Ehemann oder wen auch immer) *und verneigen Sie sich morgens als Erstes vor ihm.*
(Wenn nicht äußerlich, dann im Geiste.)
Verneigen Sie sich vor dieser Person, bevor Sie ihr zu essen bringen. (Spüren Sie nach, wie Sie sich anschließend fühlen, sowohl mit dem anderen als auch mit sich selbst.) Halten Sie jetzt einen Augenblick inne und verneigen Sie sich vor einem Menschen, mit dem Sie gerade im Austausch stehen. Sich verneigend, bringen Sie dem Leben dieses Menschen und Ihrem eigenen Leben Ehrerbietung entgegen.

Wenn unser Beten tief geht, werden wir allmählich leer und rein. Wir werden eins mit dem gesamten Universum und verlieren das Gefühl, allein zu sein. Wenn sich unser Gebet vertieft, lassen wir die Vorstellung los, dass wir besser sind als der andere, ein ganz besonderer Mensch, um den sich die ganze Welt dreht. Stattdessen beginnen wir uns dafür zu öffnen, wirklich Anleitung zu empfangen. Unser Gebet wird zur Anrufung des Höchsten und Besten, dessen wir fähig sind.

Wenn unser Leben und Praktizieren ein ständiges Beten (in jeglicher Form) ist, ist das die beste Vorbereitung auf die Begegnung mit Krankheit, Schmerz und allen möglichen Verlusten. Und es ist auch der beste Weg, uns anzuweisen, ganz erfüllt sowie voller Verständnis und Freude zu leben.

Alles, was wir sind, alles, was wir brauchen und wissen, existiert bereits tief in unserem Inneren. Wenn wir wirklich beten, tut unsere innere Schatzkiste sich liebevoll für uns auf.

Ich möchte folgenden Menschen, ohne die dieses Buch niemals entstanden wäre, meinen besonderen Dank und meine Anerkennung aussprechen: Meinem wunderbaren Herausgeber und Förderer Noah Taisan Lukeman; Adam Lukeman für seine kontinuierliche Unterstützung und Hilfe bei den verschiedenen Arbeiten; meiner Lektorin Anna Lapsansky. Meine besonders tiefe Dankbarkeit gilt meinem wunderbaren Lehrer Eido Roshi und dem lieben Rabbi Ephraim Wolf.

Zauber der DÜFTE

Barbara Bernath-Frei
Duft-Meditation
Das sinnliche Erlebnis für
Körper, Geist und Seele
136 Seiten. Mit farbigen
Illustrationen
ISBN 3-466-34434-4

Sich selbst verwöhnen, innere Kraftquellen spüren, Körper und Geist entspannen und die Seele baumeln lassen: 25 ausgewählte ätherische Öle in Verbindung mit Meditation offenbaren, was sie können. Ein inspirierendes Buch für mehr Ruhe und Gelassenheit, Energie, Kreativität und Selbstvertrauen, für genussreiche Momente im Alltag, die immer wieder gut tun.

KÖSEL

Kösel online: www.koesel.de; e-mail: service@koesel.de